Käthe Miethe
Zu den »Glücklichen Inseln«

KÄTHE MIETHE

Zu den »Glücklichen Inseln«

Herausgegeben von
Helmut Seibt
und von
Anke Ulbricht
illustriert

THOMAS HELMS VERLAG

Bibliografische Informationen der Deutschen Nationalbibliothek
Die Deutsche Nationalbibliothek verzeichnet diese Publikation
in der Deutschen Nationalbibliografie; detaillierte bibliografische Daten
sind im Internet über http://dnb.dnb.de abrufbar.

Orthographie und Grammatik des Manuskriptes wurden unverändert übernommen.

© 2017 THOMAS HELMS VERLAG
Wallstraße 46, D–19053 Schwerin
0385-564272 | www.thv.de | thv@thv.de

Gestaltung: Thomas Helms, Schwerin
Druck: toptryk.dk, Gråsten/Gravenstein

ISBN 978-3-944033-48-8

Inhalt

7 Das Telegramm
16 An Bord der »Argos«
31 Durch die Biscaja
40 Der Berg über der Wolke
48 Santa Cruz
64 Ritt auf den Pik
83 Angeheuert
94 In Amt und Würden
106 Antwerpen
113 Heimkehr

121 **Reisetagebuch 1926**
121 Vor der Ausfahrt
125 Zu den »Glücklichen Inseln«
128 Die Weiber am Brunnen
131 Vom Drachenbaum zum Meer
134 Ginster auf Teneriffa
138 Inselmenschen
143 Mit dem Bananendampfer

147 **Anhang**
147 Bananendampfer
147 Gunther Plüschow
148 Friedhelm Reinhard: Käthe Miethe auf Teneriffa
151 Käthe Miethe
153 Literatur
155 Nachwort des Herausgebers
157 Dank
158 Der Herausgeber

Das Telegramm

Man sah es Mutter an, daß sie nicht einverstanden war. Kopfschüttelnd glättete sie das weiße Blatt auf dem Tisch. Dann schaute sie sich fragend nach Großvater um, der am Fenster saß und seine Pfeife stopfte.

»Ich dachte, Vater machte Spaß; als er am Altjahrsabend sagte, er würde, wenn es sich so machen ließe, Gudrun gern zum Frühjahr einmal mitnehmen«, sagte sie. »Nun schickt er ein Telegramm, Gudrun möchte morgen nach Bremen kommen. Das Kind soll doch nicht etwa mit nach Santa Cruz fahren?«

»Das glaube ich fast«, schmunzelte Großvater und hatte offenbar seinen großen Spaß an Mutters Zweifel.

Mutter schüttelte wieder den Kopf. »Vater müßte doch daran denken, daß Gudrun mit ihren vierzehn Jahren noch nicht erwachsen ist. Ein oder zwei Jahre wenigstens sollte er noch warten. Doch wenn Vater sich etwas vorgenommen hat, muß es immer gleich sein«, fügte Mutter leiser hinzu.

Großvater sagte nichts. Er zündete sich mit aller Ruhe seine Pfeife an und war nicht im mindesten erstaunt. Er schien vielmehr zu denken, daß junge Leute sich nicht früh genug frischen Wind um die Nase wehen lassen können. Das Mädel war vierzehn, und seiner Meinung nach gerade im rechten Alter, um über den eigenen Kirchturm hinauszuschauen.

»Wenn Gudrun verständiger wäre«, sagte Mutter nach einer Weile. »Aber sie hat noch immer nichts anderes im Kopf als Spielerei mit ihren Mädels. Setzt man sie glücklich an eine Arbeit —— sobald man den Rücken dreht, ist sie auf und davon, und es nützt kein Ermahnen und kein Zureden in Güte. Man spricht wie in den Wind.«

Da sagte Großvater in seiner stillen Art: »Das wird mit der Zeit schon anders werden. Mitunter hilft vieles Ermahnen am wenigsten. Mancher muß selbst seine Erfahrungen machen. Und sagt oder schilt man zu viel ——« er lachte ein bißchen, ehe er fortfuhr: »Neulich meinte Gudrun schon, wenn es so langweilig wäre erwachsen zu sein, wollte sie am liebsten immer ein Kind bleiben.«

»Ich weiß nicht einmal, wie lange Vater dieses Mal unterwegs ist«, seufzte Mutter. »Gudrun muß doch nach Ostern wieder in die Schule.«

»Dann kommt sie eben ein bißchen später«, sagte Großvater beruhigend. »Im Notfall mache ich mich selbst zum Direktor auf. Aber der wird wissen, daß Seefahrt die beste Schule ist.«

Er beugte sich zum Fenster vor, als wäre diese Angelegenheit für ihn abgetan, und guckte die Große Straße entlang. Eine Bö fuhr gerade durch die noch kahlen Bäume und wehte dicke Tropfen von den schwarzen, glänzenden Ästen.

»Da springt Otto zum Omnibus! Wie der laufen kann. Er hat gewiß auch vorhin erst sein Telegramm bekommen«, meldete er und zog seine Uhr ... Der breite Zeigefinger wanderte über das Zifferblatt. »Er schafft's noch«, stellte er befriedigt fest. »Morgen um diese Zeit sitzt unsere Lütting auch im Bus.«

Mutter hatte flüchtig hinausgeblickt, doch nur einen grauen Regenmantel hinter den Bäumen verschwinden sehen. Sie sagte vorwurfsvoll: »Und kaum hat Gudrun das Telegramm gelesen, ist sie schon auf und davon, als gäbe es jetzt nicht alle Hände voll zu tun!«

Mutter bekam eine tiefe Falte zwischen den Augenbrauen. Sie versuchte, ihre Gedanken zu sammeln. Gudrun mußte also morgen reisen.

Vater kannte es nicht anders, als daß alles nach seinem Willen ging. Er würde in Bremen natürlich am Zuge sein. Vielleicht war seine Ausreise unerwartet auf einen früheren Termin gelegt worden oder ein Zufall hatte ergeben, daß er seine kleine Tochter auf dieser Fahrt mitnehmen konnte. Bei der Seefahrt geschahen immer unerwartete Dinge. Daran war eine Seemannsfrau gewöhnt. Und befahl die Reederei, gab es kein Besinnen. Überdies kannte auch Vater niemals Bedenken.

Mutter wurde es für einen Augenblick fast schwindlig, so wild stürmte die Arbeit, die geleistet werden mußte, in Gedanken auf sie ein. Glücklicherweise stand noch ein kleiner Koffer auf dem Boden. Der konnte für Gudrun genügen. Aber ihre sämtlichen Waschkleider waren aus der Truhe zu holen. Das Mädel fuhr ja geradewegs in den Sommer hinein. Gewiß waren überall die Säume auszulassen. Gudrun war im letzten Winter über die Maßen gewachsen. Alle Kleider würden zu kurz und vielleicht auch zu eng geworden sein.

»Da läuft sie einfach davon und läßt mich mit allen Vorbereitungen allein«, seufzte Mutter noch einmal. Doch man hörte dem Klang ihrer Stimme an, daß die Gedanken schon weiter geflogen waren.

Großvater blies eine große Rauchwolke vor sich hin und begann lachend:

»Sie muß doch schnell zu ihrer Hannelore laufen und zu Grete und wie ihre Mädel alle heißen. Als wir damals zum ersten Male an Bord gehen sollten ——«

Er brach mitten im Satz ab, denn er sah sich plötzlich allein im Zimmer. Mutters Schritte waren bereits auf der Stiege zum Boden zu vernehmen. So ließ er still für sich die Bilder aufsteigen, die er aus seiner Erinnerung vor ihr hatte aufbauen wollen.

Als wäre es heute, so deutlich sah er sich als vierzehnjähriger Bursche vor sich, ebenso lang aufgeschossen, wie seine Gudrun. Auch das gleiche, dunkelblonde weiche Haar hatte er gehabt. Genau so schnell war er, ohne ein Wort zu verlieren, aus dem Hause gestürzt und hatte der Mutter alle Vorbereitungen zu seiner Reise allein überlassen. Damals bekam man aber kein Telegramm. Einer der älteren Fahrensleute erschien in der Haustür und rief: »Korl, morgen geiht's los! Du kommst mit uns mit!«

Sein erster Hafen war ebenfalls Bremen gewesen, nur fast ein halbes Jahrhundert lag das zurück. Es gab noch keinen Omnibus, auch keine feste Chaussee bis zur Stadt. Auf einem Bauernwagen fuhren die Seeleute, alte und junge, zusammengepfercht wie Heringe in der Tonne, viele Stunden lang über zerfurchte Landwege bis an die Eisenbahn heran. Jeder hockte, den Kojensack auf den Knieen, auf seiner hölzernen Schiffskiste. Auch sein Junge, Gudruns Vater, war noch so gefahren. Dann kam die Chaussee und gleich hinterher der große, rote Omnibus. Jetzt machte der Moses [1] sich gar mit einem Koffer auf den Weg, wie ein Städter, der in die Sommerfrische reist.

Ja, vieles war in diesem halben Jahrhundert anders geworden. Doch das eine war immer das gleiche geblieben und würde sich nicht ändern, so lange die Welt zusammenhielt und junge Leute zur See fahren wollten: der Stolz über die erste Ausfahrt und das strahlende Abschiednehmen bei allen Freunden von Haus zu Haus! Gudrun stürmte mit wehendem Schal über dem offenen Mantel durch den Vorgarten und lief gleich bis in die Küche, wo Mutter am Bügelbrett stand.

»Meine Sommerkleider, Mudding?« Gudrun blickte erstaunt auf ihre hellen Kleider, die rundum über den Lehnen der Küchenstühle hingen. Da wurde ihr bewußt, daß sie mitten in den Sommer hineinfahren sollte! War es nicht, als spränge man mit einem Satz auf dem Kalender über viele Monate hinweg? Das hätte sie ihren Mädels unbedingt noch erzählen müssen!

Mutter nahm das hellblaue Leinenkleid vom Bügelbrett, das wie Seide glänzte, und hielt es Gudrun an. Wie recht hatte sie mit ihrer Besorgnis gehabt! Gudrun brauchte das Kleid nicht erst überzuziehen. Man sah auf den ersten Blick, um wieviel es zu kurz geworden. Ein Glück, daß noch ein breiter Saum eingelegt war. Somit paßten also die anderen Kleider auch nicht mehr!

»Fang gleich mit Trennen an«, rief Mutter. Sie war schon auf dem Wege zur Kammer, um das Nähzeug zu holen. »Du läufst jetzt nicht wieder weg«, mahnte sie. Aber ihre Stimme klang nicht so energisch wie sonst, denn in diesem Augenblick wurde es Mutter bewußt, daß morgen ein Abschiedstag war. Gudrun sollte auf eine weite Seereise gehen. Sie würde ihr Kind auf lange Zeit nicht sehen!

---

[1] Anderer Name für einen Schiffsjungen. Nach einem Jahr wurde man Jungmann, danach Leichtmatrose. Vollmatrose war man nach insgesamt 3-jähriger Ausbildung.

Mutter blieb stehen und lehnte sich an den Türrahmen an. Sie sagte leise, wie es sonst ihre Art nicht war, »wenn du nur vernünftig und vorsichtig sein willst, Kind!« Sie raffte eilfertig die Kleider von den Stühlen zusammen, als wollte sie lieber nicht weiter denken, und sagte: »Setz dich gleich zu Großvater in die Stube. Aber achtsam trennen, die Fusseln nicht auf den Fußboden werfen.« Sie strich Gudrun schnell über das Haar. »Nun lauf schon. Wir haben alle Hände voll zu tun, wenn wir bis morgen früh fertig werden wollen!«

»Hannelore und Grete wollen heute abend ein bißchen herkommen ——— weil es doch mein letzter Tag ist, Mudding ———«, sagte Gudrun bittend, denn Mutter sah es nicht gern, wenn die Freundinnen am Abend noch kamen. »Die beiden können mir auch helfen«, fügte sie eilig hinzu.

»Helfen? — Hannelore und helfen?« Mutter lachte. »Grete, die ist anstellig und zu gebrauchen, aber Hannelore — Nun laß sie nur kommen, weil es der letzte Abend ist —— Steh doch nicht mehr hier herum, Kind! Fang endlich an!«

Vaters großer, schöner Atlas lag aufgeschlagen mitten auf dem Tisch. Die Lampe warf von der Decke einen hellen Schein über die bunte Karte, die die Westküste Europas und Afrikas mit der Biscaja zeigte.

Drei eifrige Köpfe beugten sich immer wieder darüber, drei eifrige Hände, mit Nähnadel und Trennmesser bewaffnet, fuhren immer wieder auf der Karte hin und her. Der Rauch aus Großvaters Pfeife kräuselte sich über den glänzenden Mädchenhaaren.

Großvater lehnte in der Sofaecke, den von der Gicht geplagten Fuß auf einen Stuhl gelegt, schmunzelte vor sich hin und warf nur gelegentlich ein paar Worte in das aufgeregte Geplauder.

Mutter saß zwischen den Fenstern an der Nähmaschine. Sie nahm sich kaum Zeit, einmal aufzublicken. Nur ab und zu sagte sie, wenn sie den Faden unter der Nadel abschnitt und einen neuen Saum in die Maschine schob: »Gudrun, du mußt endlich fertig werden! Weißt du überhaupt, wie spät es schon ist?«

Oder sie sagte: »Hannelore, laß lieber das Trennen. Du schneidest nur in den Stoff. Ich habe schon wieder eine Stelle gefunden, die ich zu allem übrigen noch zustopfen muß.«

Oder Mutter bat, ohne im Treten nachzulassen, »Grete, komm du bitte mal her. Kannst du mir im Rücken die Knöpfe ein wenig versetzen?«

Doch meist drängte Mutter: »Gudrun, nun mußt du dich aber sputen. Wir brauchen alle deine Kleider für die Reise. Wer sollte sie dir denn unterwegs waschen?«

Dann sank Gudrun blitzschnell auf ihren Stuhl zurück, auf dem sie gekniet hatte, um die Karten besser übersehen zu können, und trennte wieder ein Stück.

»Großvater«, fragte sie wohl schon zum dritten Mal, »wie oft bist du denn auf den Canarischen Inseln gewesen? Warum heißen sie die »Glücklichen Inseln«? Wie sieht es denn dort aus?«

Großvater lachte wieder nur und sagte: »Du wirst es ja bald sehen.«

»Ach, sag doch — du, gibt es da nur Schwarze? Und lauter wilde Tiere?«

Gudrun konnte kein Ende mit ihren Fragen finden, obwohl Großvater immer nur sagte, er brauchte ihr das alles nicht mehr umständlich zu beschreiben. Er ließ sich schließlich nur bewegen, zu sagen, auf den Canarischen Inseln sei das Leben leicht und schön, so daß sie darum die Glücklichen Inseln genannt würden.

»Gibt es dort gar keine giftigen Schlangen, Großvater« fing Gudrun mit neuen Fragen an.

»I gitt«, rief Grete erschrocken. »Nein, dann hätte ich Angst!«

Gudrun warf einen überlegenen Blick zu Grete hinüber. »Auch Skorpione, Großvater?« fragte sie weiter.

»Nein, aber Geckos«, lachte er. Doch er ließ sich durch kein Drängen erweichen, zu erklären, was für Tiere Geckos wären.

»Du, da ist ja ein hoher Berg!« Gudrun stach mit der Nadel fast in die Karte hinein.

»Der Pik«, antwortete Großvater, ohne hinzuschauen.

»Guck doch nach, der Name muß da stehen, auch die Höhe: dreitausend achthundert Meter.«

»So hoch? Warst du mal oben?«

Großvater lachte laut darüber, daß ein Seemann auf Berge kraxeln sollte. Dann sagte er: »Den Pik sieht man schon lange bevor man die Inseln sehen kann. Da mußt du schön aufpassen, denn wer an Bord den obersten Kegel, der der Tino heißt, zuerst entdeckt, darf sich was wünschen. Also gut Ausschau halten, Lütting!«

»Wenn man sich was gewünscht hat, geht es dann auch in Erfüllung?«
»Zu meiner Zeit tat es das immer«, lachte Großvater.
»Aber man kann doch auch hinaufsteigen«, fragte Gudrun.
»Andere mögen das tun — — ja, manchmal steigen neugierige Reisende auch auf den Pik. Aber was soll man da oben?« sagte er.
»Dann will ich auch hinauf«, sagte Gudrun und machte sich wieder für ein Weilchen ans Trennen.
»Du mußt uns aber gleich eine Karte schreiben«, mahnte Grete.
»Wehe, wenn du uns überhaupt nicht von allem gleich schreibst«, drohte Hannelore. Sie war wegen der bevorstehenden Reise im Grunde aufgeregter noch als Gudrun und hätte ihr gesamtes Eigentum, selbst das neue Rad, ohne Bedenken dafür hingegeben, an Gudruns Stelle an Bord der »Argos« gehen zu können. Aber ihr Vater war kein Seemann. Er hatte das große Geschäft gegenüber der Post. Ihre Eltern gehörten alle beide nicht dem Schifferstand an, wie Gudruns und Gretes Familien, und so würde sie wohl nie zu einer Seereise kommen.

Zum Abend war der Wind eingeschlafen. Großvater reckte sich, um von seiner Sofaecke aus das Barometer an der Wand zu erreichen. Er freute sich, daß es noch stieg. Seine Lütting sollte gutes Wetter auf ihrer ersten Fahrt haben. Im Kanal konnte es um diese Jahreszeit noch stürmisch genug sein. Vielleicht bekam Gudrun überhaupt erst hinter der Biscaja auf dem letzten Teil ihrer Reise so blaues Wasser zu sehen, wie es die bewunderte Landkarte zeigte.

Gudrun begleitete ihre beiden Freundinnen noch bis an die Gartenpforte. Trotz Mutters Mahnung, gleich zurückzukommen und sich ohne Verzögerung schlafen zu legen, blieb Gudrun mit ihnen noch lange draußen stehen, denn jetzt erst viel ihr allerlei Wichtiges ein, was es noch zu bereden gab.

Was würde der Chef für Augen machen, wenn sie nach den Osterferien einfach nicht in der Schule erschien? Aber vielleicht hatte Vater ihm schon geschrieben. Vater dachte immer an alles. Und was würde die ganze Klasse sagen, daß sie zu Vater an Bord gegangen war und eine große Seereise zu den Glücklichen Inseln machte! Natürlich sollte auch jede aus der Klasse eine schöne bunte Ansichtskarte bekommen, mit Palmen darauf. Denn auf den Canarischen Inseln gab es gewiß nur Palmen und nicht so gewöhnliche langweilige Bäume wie überall hier.

»Sieh doch zu, vielleicht kannst du mir einen Kakadu mitbringen«, meinte Hannelore, »einen weißen, mit hohem, gelben Schopf.«

Gudrun versprach, ihr Möglichstes zu tun.

»Wenn du nur nicht seekrank wirst! Das denke ich mir so schrecklich«, meinte Grete bedenklich.

Gudrun lachte laut: »Seekrank? Ich und seekrank? Wo denkst du hin! Glaubst du, daß Vaters Tochter seekrank wird? Was würde wohl Großvater dazu sagen! Außerdem werde ich bestimmt nicht seekrank«, wiederholte sie nachdrücklich.

»Ich rate dir auch davon ab«, lachte Hannelore. »Ihr habt doch Otto mit an Bord.«

»Otto?« Gudrun machte eine wegwerfende Handbewegung. »Otto wird an Bord anderes zu tun haben, als auf mich zu achten. Er fährt als Erster[2] bei uns auf der »Argos« fügte sie hinzu, denn ›bei uns‹ konnte sie jetzt ohne weiteres sagen.

Vaters »Argos« war ein großer Frachtdampfer von 3.000 Tonnen, mit dem Vater gewiß schon um die ganze Erde gefahren war. »Später, wenn ich groß bin«, fuhr Gudrun fort, »will ich immer mit Vater mitfahren.«

»So etwas gibt es nicht«, lachte Hannelore.

»Wenn Vater es aber will«, erwiderte Gudrun, doch sie sagte schnell hinterher: »Jedenfalls immer, wenn die Reederei es erlaubt.«

Gudrun wußte selbst, daß es eine Seltenheit geworden war, wenn ein Kapitän ein Mitglied seiner Familie für längere Zeit mit an Bord nehmen durfte. Früher war es anders und viel schöner gewesen. Früher begleiteten die Seemannsfrauen ihre Männer oft auf ihren Reisen. Selbst die Kinder kamen ab und zu mit. Vater war schon an Bord bei Großvater gewesen, als er eben laufen konnte. Und als Junge von fünf Jahren war er bereits mit nach England und nach Norwegen gefahren.

---

[2] Der Erste Offizier eines Schiffs ist der Verantwortliche für die Seetüchtigkeit, die ordnungsgemäße und sichere Beladung des Schiffes sowie für die Instandhaltung und Wartung des Deckbereichs. Ebenso ist er der Vorgesetzte aller weiteren nautischen Offiziere, ggf. auch des Funkoffiziers sowie des Bootsmanns und der an Deck beschäftigten Matrosen. In dieser Eigenschaft organisiert und überwacht er den täglichen Betrieb dieser Bereiche. Er ist unmittelbar dem Kapitän nachgeordnet und bei dessen Ausfall oder Abwesenheit sein Stellvertreter.

»Vielleicht könntest du mir lieber einen kleinen Affen mitbringen«, warf Grete ein und beschloß, am nächsten Morgen im Erdkundebuch alles nachzulesen.

Der Kleine Bär war schon ein ganzes Stück am Sternenhimmel weitergewandert, da machte Mutter plötzlich die Haustür auf. Ihre Stimme war böse, weil Gudrun noch immer draußen stand. In aller Eile mußten die drei sich an der Gartenpforte trennen.

»Glückliche Reise!« rief Grete laut.

»Versteht sich von selbst, wenn man zu den »Glücklichen Inseln« fährt«, rief Gudrun zurück.

»Du hast's gut!« rief Hannelore, und beide verschwanden endlich in der Dunkelheit.

Mutter, anstatt nun tüchtig zu schelten, nahm Gudrun im Hausflur nun plötzlich in den Arm.

»Wenn du nur Vater immer aufs Wort folgst, wirst du auch eine glückliche Reise haben«, sagte sie eindringlich und hielt Gudrun eine lange Weile fest in ihren Armen umschlossen.

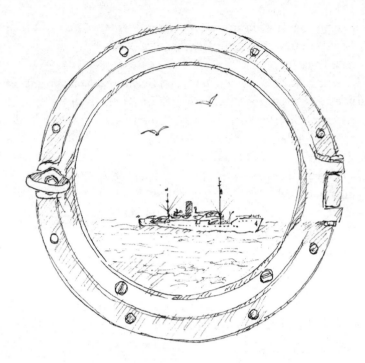

An Bord der »Argos«

Es war schon dunkel, als der Zug in Bremen einlief. Auf dem Bahnsteig standen viele Menschen. Ein Glück, daß Vater nur wenige Schritte von der Wagentür entfernt wartete, durch die Gudrun in einer langen Kette drängender, mit Koffern und Taschen beladener Reisender aus dem Zug stieg, völlig benommen von der Fülle der Eindrücke ihrer ersten, langen Eisenbahnfahrt.

Vater entdeckte sie gleich, half ihr mit ihrem Koffer, faßte sie unter, und als wären sie ganz allein oder als wäre Weihnachtsabend zu Haus, stellte er den Koffer plötzlich ab, griff ihren Kopf und gab ihr einen langen Kuß.

»Also geklappt«, sagte er dann in seiner kurzen Art befriedigt, als er mit ihr den Bahnhof verließ und draußen auf einen Wagen zuging. Er nannte dem Fahrer den Kai, an dem die »Argos« lag.

»Wir laden nämlich das Letzte und gehen heute abend noch aus«, sagte er und strich Gudrun über die Hand. Sie mußte sich bequem im Wagen zurücklehnen. Vaters blaue Augen strahlten vor Freude.

»Mutter war wohl doch ein bißchen erstaunt«, fragte er, »als mein Telegramm kam? Sie meinte gewiß, daß ich besser noch damit warten sollte, dich mitzunehmen. Aber es paßte gerade für diese Reise gut. Du bist auch vierzehn und ganz verständig, nicht wahr?«
Er drückte Gudruns Arm, und Gudrun nickte eifrig.
»Siehst du«, fuhr Vater fort, »das meine ich auch. Außerdem haben wir Otto an Bord, der kann sich auch ein bißchen um dich kümmern«.
Gudrun sah Vater von der Seite an. Er lachte. Er hatte also nur Spaß gemacht, denn solch ein Schulmeister, wie Otto schon immer gewesen war ———
»Außerdem tut es nur gut«, sagte Vater, »wenn man seine Erfahrungen in so jungen Jahren macht, daß sie einem für das eigene Leben nützen können.«

Durch die Autofenster sah Gudrun viele, viele Lichter in allen Farben. Manche schlängelten sich an den hohen Häusern entlang, wie leuchtende, lebende Tiere. Andere blitzten wie Leuchtfeuer ununterbrochen auf. Und Auto auf Auto kam ihnen entgegen. Auch immer neue Schatten von Menschen huschten vorüber. Es war das erste Mal, daß Gudrun einen Blick in eine Großstadt warf. Jetzt war draußen schrilles Pfeifen zu hören. Gleich hinterher heulte eine Sirene auf, dazwischen tutete es tief, das war ganz in ihrer Nähe. Gudrun drückte sich fester an Vater an und konnte vor Aufregung und Schauen und Glück kaum seine Fragen nach allem zu Hause beantworten.

»Nun kommen wir in mein Reich«, sagte Vater plötzlich. Der Wagen hielt. Vater reichte seine Papiere hinaus —— nur einen Augenblick, schon rollte das Auto unter kurzen Stößen auf Kopfsteinpflaster weiter.

Draußen waren keine Straßen mit Lichtreklamen und Menschen mehr zu sehen. Unter hellen Bogenlampen lagen dunkle Schuppen, an denen der Wagen langsam entlangholperte. Für einen Augenblick tauchte zwischen hohen Speichern eine Reihe runder, leuchtender Augen auf. Da hielt der Wagen wieder. Als Vater Gudrun hinaushalf, hörte sie über sich Ketten knarren, hoch oben schwankte der Arm eines Krans darin, von zwei Bogenlichtern gegen den schwarzen Himmel angestrahlt.

Eine riesige Kiste zog wie ein Spielzeug über ihren Köpfen dahin. Stimmen tönten von allen Seiten auf Gudrun ein. In der Höhe rief jemand laut. Die Kiste senkte sich und verschwand in der Tiefe.

Jetzt erst entdeckte Gudrun das Wasser des Hafens. Lichter spiegelten sich von allen Seiten darin. Durch einen breiten Lichtstreifen tuckerte gerade eine schwarze Barkasse und ließ im Lichtschein eine wehende Rauchfahne zurück.

Gudrun hätte sich hier noch weniger zurechtgefunden als vorhin auf dem überfüllten Bahnsteig. Doch Vater hatte gleich wieder ihren Arm gefaßt und führte sie einen Steg hinauf. Ehe sie es sich versah, stand sie bei Vater an Deck!

Vater sprach ein paar kurze Worte mit einem Matrosen, der am Fallreep wartete, warf einen Blick nach oben, wo sich jemand über eine Brüstung beugte, und wieder kam eine gewaltige Kiste durch die Luft, stand einen Augenblick mitten über der »Argos« still und senkte sich dann in die Tiefe des Vorschiffs, aus dem Rufe zu hören waren.

»Laß dir erst deine Kabine zeigen, ich muß nach oben«, sagte Vater.

Gudrun sah Vater mit großen Schritten eine Stiege, deren Geländer wie Gold glänzte, hinauf zur Brücke steigen. Vater nahm immer zwei Sprossen auf einmal. Der Wind wehte seinen Mantel hoch. Es sah aus, als wollte Vater geradeswegs in den Himmel fliegen. Gudrun wurde am Arm berührt. Unter einer blauen Seemannsmütze lachten zwei Augen vergnügt zu ihr herunter ... Das war Otto, der ihr die Hand gab und ein bißchen spöttisch sagte: »Nun werden wir der jungen Dame erstmal ihre Koje anweisen.«

Sie gingen durch einen Gang, auf dessen brauner Täfelung das matte Licht einer Deckenbeleuchtung glänzte. Hinter ihnen folgte ein Matrose, der Gudruns kleinen Koffer trug. Eine Treppe führte zu einem schmaleren Gang hinunter. Otto stieß eine Tür auf, und vor Gudrun lag eine blitzsaubere, kleine Kammer mit einem runden, von glänzendem Messing eingefaßten Fenster. Ein Bett, das eine Seitenlehne aus Netzwerk hatte, war eingebaut, ein zweites Bett darüber war an der Wand hochgeschlagen. Unter dem runden Fenster stand ein kleiner Schreibtisch mit einem Ventilator und einem Strauß künstlicher Blumen.

Otto zog an einen Knopf an der Wand. Gleich tat sich ein Waschtisch mit weißem Becken auf. »Für die Morgentoilette« sagte er, »aber nicht zu benutzen, wenn du seekrank wirst. Dann möglichst an Deck gehen und zwar nach Lee.« Er klappte den Waschtisch zurück, so daß er spurlos wieder in der Wand verschwand, stellte Gudruns Köfferchen auf einen Stuhl, hob die Hand an die Mütze und empfahl sich mit einem Diener. »Ich muß nach oben, ins Kartenhaus. Die Luken werden dicht gemacht, die Hafenpolizei wird gleich an Bord kommen.«

Gudrun schloß ihren Koffer auf, um, wie Mutter eindringlich geheißen hatte, die frisch geplätteten Waschkleider gleich herauszunehmen und aufzuhängen. Sie schaute sich um: Ja, überall waren Haken angebracht, feine, glänzende Messinghaken. Auch ein kleines Wandbrett mit einem Gitter davor war über der Waschtischklappe. Darauf sollte man gewiß seinen Kamm und seine Bürste legen.

Gudrun breitete die Kleider erstmal sorgsam auf dem Bett aus. Dabei entdeckte sie, daß sich das Netz vor dem Bett genau so herunterlegen ließ, wie die Gitterwand an ihrem alten Kinderbett, das seit langem zu Hause auf dem Boden stand. Und über dem Bett war eine Schlaufe angebracht. Sollte man sich daran festhalten oder aufrichten können? Über dem Kopfende des Bettes war eine Beleuchtung zum Lesen. Für alles war vorgesorgt! Und wie klein auch die Kammer war, alles, was man sich nur wünschen konnte, war vorhanden. Nichts schien zu fehlen. Sie glich einer Puppenstube. Mit einem Schritt war man vom Bett schon am Schreibtisch, am Fenster und am Waschtisch, dennoch wirkte sie nicht eng.

Gudrun hörte ein schrilles Signal. Sie spürte eine Bewegung im Schiff. Ein Beben ging unter ihren Füßen entlang. Irgendwo klirrte es leise. Sollte die Reise schon losgehen?

Gudrun ließ alles stehen und liegen. Sie stieß die Tür auf, lief durch den Gang, die Treppe hinauf, fand eine Tür und sah sich plötzlich draußen an Deck. Aber vor ihr lag nicht der Kai mit den Bogenlampen und dem großen Kran. Sie stand auf der anderen Seite und blickte in das dunkle Hafenbecken hinaus. Ein riesiger Ozeandampfer mit vielen Reihen runder, heller Lichter übereinander glitt dicht an ihr vorüber, so langsam, als schliche er dahin. Man sah so deutlich, als könnte man sie mit den Händen erreichen, die erleuchteten Decks, eins über das andere gebaut, wie Stockwerke eines hohen Hauses. Und überall wimmelte es von Menschen. Man konnte einzelne Stimmen deutlich heraushören. Aber der Dampfer selbst schien ganz lautlos zu fahren.

Gudrun mußte hochschauen, um die kurzen, gedrungenen Schornsteine und die dünnen Masten mit den Topplichtern zu sehen. Wie klein war Vaters »Argos« dagegen, Vaters stolzes, schönes Schiff!

Gudrun war dicht an die Reling getreten. Fast genau unter ihr schwankte ein Tender auf und nieder. Ein Mann in schwarzem Ölrock enterte gerade die Strickleiter hinab. Jetzt ließ er sie los, sprang einfach in die Tiefe und landete an Deck des tanzenden Tenders.

Sie schaute wieder hoch. Wie schön und geheimnisvoll war alles, viel schöner, als sie es sich jemals im Leben vorgestellt hatte! Über ihr dehnte sich ein feiner, dunkler Himmel, aus dem die Sterne verschleiert auf sie herunterblickten.

Wenn Hannelore das sehen könnte, oder auch Grete, dachte sie. Doch Grete würde vielleicht nicht einmal fühlen, wie wunderschön es draußen in der weiten Welt war! Grete wollte ja am liebsten immer zu Hause bei ihren kleinen Geschwistern bleiben und über ihren Büchern hocken. Und dabei war es nirgends so schön, wie draußen in der Welt! Man müßte immer, immer reisen können, sein ganzes Leben lang, wie Vater es tat!

»Hier stehst du, Lütting? Ich hatte dich schon in deiner Kabine gesucht. Wir wollen essen. In einer Stunde sind wir klar.«

— * —

Vater war aus dem Dunkeln auf Gudrun zugetreten, doch er blieb nun noch ein Weilchen neben ihr stehen, um ebenfalls dem Ozeandampfer nachzuschauen, von dessen Oberdeck jetzt Musik zu vernehmen war.

»Das ist die »Bremen« vom Lloyd«, sagte er. »Du mußt unsere großen Schiffe bald kennenlernen.« Er legte ihr die Hand auf die Schulter. »Das hättest du dir Sylvester auch kaum träumen lassen, daß wir so bald zusammen auf unserer »Argos« stehen würden?« fragte er.

Vater trug seinen guten dunkelblauen Anzug mit einer schwarzen Schleife über dem weißen Hemd, als er in der Messe oben an der Tafel seinen Platz einnahm. Gudrun schämte sich ein wenig, weil sie noch in ihrem Reisekleid war, denn auch Otto und Vaters Zweiter, sowie der Obermaschinist, ein älterer Mann mit grauem Spitzbart, sahen wie aus dem Ei gepellt aus. Hatte Mutter vor der Abreise nicht eindringlich daran erinnert, daß man sich nach einer Reise sofort umziehen müßte, da die Kleider unterwegs staubig geworden seien? Aber Vater schien nichts zu merken. Vater spaßte gleich, Gudrun müßte sich Mühe geben, den Professor der Botanik, der im letzten Augenblick von seiner Reise zurücktreten mußte und dessen Kabine sie bekommen hätte, in jeder Beziehung würdig zu vertreten.

Der Stuart kam mit einer weißen Jacke mit goldenen Knöpfen und reichte Gudrun eine Schüssel mit einem duftenden, überbackenen Gericht. Gudrun sah Vater fragend an. Sollte sie etwa zuerst nehmen? »Lang tüchtig zu«, lachte Vater. »Versteht sich, daß Jakob der einzigen Dame an Bord vor allen anderen anbietet.«

Gudrun wurde rot, doch dann legte sie sich ordentlich auf. Sie ließ sich auch nicht beirren, noch ein zweites Mal zu nehmen, obwohl Otto mit einem Augenzwinkern bemerkt hatte: »Iß reichlich! Du weißt nicht, wie bald du die Fische füttern mußt. Rasmuss[3] will im übrigen auch leben!«

Doch Herr Koldgreen, der Maschinist, hatte schnell einen Trost zur Hand. Er sagte: »Wenn Engel zur See fahren, lacht der Himmel.«

Dann brachte Jakob eine Platte, auf der die verlockendsten Dinge lagen: Schinken, Zungenwurst, Leberwurst, mit aufgespaltenen Radieschen umrahmt. Herr Koldgreen reichte ihr sogar Butter noch einmal herüber. Er meinte, an Bord müßte man noch einmal so viel essen, wie an Land.

Gudrun kam sich vor wie in einem Märchen, wie im Schlaraffenland, oder wie verzaubert. War sie es wirklich selbst, die hier auf Vaters Schiff in dieser braungetäfelten Messe saß und so köstliche Dinge speiste? So gut wie hier hatte es ihr noch nie im Leben geschmeckt. Und rundherum sah alles wie in einem Schloß aus! An den Wänden brannten hinter gelben Schirmchen viele kleine Birnen. Der Fußboden war mit einem roten Teppich ausgeschlagen. Alle Stühle hatten runde, niedrige Lehnen, sie mußten am Fußboden festgeschraubt sein, da sie sich nicht schieben ließen. Doch konnte man sich auf ihnen nach allen Seiten drehen.

Als Gudrun das herausgefunden hatte, konnte sie nicht mehr stillsitzen, sondern warf sich mit ihrem Stuhl mal nach rechts, mal nach links. Solche Stühle müßte man auch in der Schule haben, meinte sie, dann wäre es nicht so langweilig, täglich viele Stunden stillzusitzen. Wieder drehte Gudrun sich blitzschnell nach rechts und dann nach links, da trafen ihre Augen Ottos Blick. Lachte er etwa über sie? Aber Vater sagte nur:

---

[3] Bezeichnung für den Herrn des Meeres, den Wind.

»Unser Professor spielt wohl Karussel?« und dann las er den Speisezettel für den nächsten Tag durch, den Jakob ihm vorgelegt hatte. Wenn Vater ihr den Spaß gönnte, hatte Otto auch kein dummes Gesicht zu machen! Auf den Tisch war jetzt einen Schale gekommen, auf der sich duftende Apfelsinen und Bananen häuften. Gudrun durfte sich die schönsten Früchte aussuchen. Während sie sich eine Apfelsine schälte, mußten ihre Blicke immer wieder im Kreise herumwandern. Kehrten sie zum Tisch zurück, begegnete ihnen Vaters frohes Gesicht. Vater besprach etwas mit seinem Zweiten, Steuermann Niejahr, doch niemals vergaß er, zwischendurch zu ihr hinzuschauen.

Ein Matrose trat in die Tür. Vater erhob sich sofort.

»Komm mit auf die Brücke, Gudrun«, sagte er. »Wir schlagen los.«

— * —

Gudrun wachte auf, hielt aber die Augen ängstlich geschlossen, denn der Traum sollte ihr nicht entgleiten. Sie wollte ihn festhalten und weiterträumen, daß sie bei Vater an Bord der »Argos« sei und eine lange Seereise machte.

Es rauschte so wunderlich im Ohr, und das Bett schien auch nicht stillzustehen, sondern sich langsam zu wiegen. Auch war ununterbrochen ein dumpfes Stampfen zu vernehmen. Gudrun schmiegte sich fester in das Kissen, um ja den wunderschönen Traum zu bannen. Da spürten ihre Füße ein Netz. Sie riß die Augen auf, richtete sich hoch, und ihr Herz begann vor Freude und Staunen laut zu pochen. Sie war ja bei Vater an Bord! Sie lag in einer Koje auf der »Argos«! Sie war auf der Seereise zu den »Glücklichen Inseln«!

Aus dem Bett zu steigen und zum Bullauge zu springen, war ein Satz. Draußen rauschte die See. Man hätte die flachen, langen, grauen Wellen, auf denen weißliches Schaumgeriesel tanze, fast mit den Händen greifen können. So weit man sah, gab es nichts anderes als diese langen, grauen Wellen! Nun wußte Gudrun auch, woher das unaufhörliche Stampfen kam. Das war die Maschine tief unten im Raum, die sie gestern abend beim Einschlafen noch gehört hatte.

Von dem schönen Waschbecken an der Wand machte Gudrun nur einen flüchtigen Gebrauch. Sie wollte so schnell wie möglich hinauf, wollte an Deck, um nicht einen Augenblick von der herrlichen Reise zu versäumen. Von nun an wollte sie sich jeden Morgen zu Sonnenaufgang wecken lassen!

Es klopfte. Auf ihre Antwort kam Jakob mit einem Tablett herein. Er brachte ihr einen Becher Kakao. Der Koch ließe ferner bitten, den frischen Kuchen zu versuchen, der in einem Schälchen neben dem Becher stand. Der Stuart sagte, gemeinsames Frühstück sei erst in der Messe um halbzehn. Der Herr Kapitän ließe sich den Frühkaffee immer auf die Brücke bringen.

Gudrun dankte, trank den süßen Kakao und aß den Kuchen. Sie öffnete dabei das runde Fenster ein wenig, so daß die Seeluft mit ihrem Duft von Tang und Salz hereinströmte. Doch als der Wind einen Spritzer hereinwehte, drückte sie das Fenster schnell wieder an. Möwen flogen draußen vorbei. Einzelne zogen mit der »Argos« mit, andere eilten ihr sogar voraus, andere wieder tauchten blitzschnell in ein Wellental und holten dann ihre Gefährten wieder ein.

Gudrun hatte kaum den Kuchen verzehrt, da klopfte es wieder an ihre Tür. Ein Junge erschien auf der Schwelle und meldete so kurz, wie es Vaters Art war,

»Helgoland steuerbord in Sicht.«

Von Helgoland war freilich nicht viel zu sehen. Die Luft war diesig, und Gudrun spähte vergeblich nach den roten Klippen aus. Viel interessanter war es, im Steuerhaus neben dem Matrosen zu stehen, der Rudertörn[4] hatte und die Augen fest auf den Kompaß geheftet, den Kurs hielt. Das schien gar nicht so leicht zu sein, denn ab und zu drehte er das Rad ein wenig hin und her. Dann guckte Gudrun von draußen in das Kartenhaus. Dort stand Otto mit Lineal und Bleistift und zeichnete gerade einen Strich in eine Karte ein. Gudrun hätte gern gewußt, wozu er das tat, aber Otto machte ihr kein Zeichen, hereinzukommen, obwohl er sie gesehen hatte. Er wandte sich vielmehr ab, hing das Lineal an der Wand auf und rollte eine andere Karte auf.

Am schönsten war es, vorn auf der Brücke zu stehen, wo Vater ein wenig auf und ab spazierte und mitunter ein Wort mit Steuermann Niejahr sprach.

---

[4] Eingeteilter Dienst am Schiffsruder während der Wache.

Niejahr war anders als Otto. Er schien es geradezu gern zu haben, wenn sie mit immer neuen Fragen kam. Und niemals lachte er, wenn sie etwas sagte.

Es wehte auf der Brücke weit mehr, als wenn man zuhause auf dem Kirchturm auf der Wetterseite stand. Von dort sah man, überdies immer nur dasselbe Dorf und die Weiden rundherum. Das Meer schien auf den ersten Blick zwar auch überall gleich auszusehen, doch schaute man ein Weilchen darüber hin, sah man, daß schon jede Welle anders als die vorangegangene war. Ununterbrochen rollten die Wellen gegen die »Argos« an, glitten gleichsam unter ihr dahin und tauchten hinter ihr wieder auf, mit neuem Schaum und mehr Blasen gekrönt als vorher. Mitunter kam eine Welle auf die »Argos« zu, die höher und spitzer war und ein dickes, graues Gekräusel auf ihrem Rücken trug. Und manchmal versuchte an Steuerbord eine kleine, kurze Welle gegen die anderen Wellen anzugehen, aber sie wurde immer gleich aufgeschluckt.

Niejahr erzählte von großen Fischen, die nur in der Tiefe leben, von Tümmlern und Delphinen, die im Sonnenlicht tanzen, von Quallen, die nicht wie die gewöhnlichen Quallen unter der Oberfläche trieben, sondern mit hochgeschlagener Seite mit dem Winde segelten. Schien die Sonne in ihr Segel hinein, schimmerte es wie Perlmutter oder wie Opal.

Wer auf der Brücke stand, hatte auch Acht auf andere Schiffe zu geben. Gudrun durfte Vaters großes Glas vor die Augen nehmen und ebenfalls Umschau halten. Oft konnte man zu gleicher Zeit mehrere Schiffe sehen. Kamen sie näher heran, wußte Vater gleich, wie sie hießen. Ja, er wußte sogar, ob sie aus England oder Norwegen kamen und welchen Weg sie nahmen.

Jetzt schlugen die Glasen.[5] Die Wache wurde abgelöst. Auch der Mann am Ruder durfte wieder nach vorn gehen, und ein anderer Matrose trat hinter dem Kompaß an und faßte gleich nach dem braunen Rad. Otto kam aus dem Kartenhaus und löste Niejahr auf der Brücke ab.

---

[5] Das Glasen ist das Anschlagen der Schiffsglocke während der Seewachen als Zeitmaß. Jeder Einzelschlag zählt eine halbe Stunde, jeder Doppelschlag eine volle Stunde, beginnend beim jeweiligen Wachwechsel um 00.00, 04.00, 08.00 Uhr usw. Das Glasenschlagen hat seinen Ursprung in der Segelschifffahrt, als das Stundenglas, eine Sanduhr, als Zeitmaß diente.

War denn schon Essenszeit? Gudrun mochte sich nicht von der Brücke trennen, denn soeben tauchten am Horizont die nadeldünnen Masten eines neuen Dampfers auf. Am liebsten wäre sie noch auf der Brücke geblieben. Doch ihr Magen knurrte laut. Der freundliche Maschinist mit dem spitzen Bart hatte recht: auf See bekam man noch schneller Hunger als an Land.

Als Gudrun aus der Messe kam und wieder auf die Brücke hinaufgehen wollte, hob sich die »Argos« plötzlich. Gudrun taumelte. Schnell hielt sie sich am Türrahmen fest. Sie wurde ja wie von unsichtbaren Händen zurückgezogen! Ein scharfer Windstoß fuhr um die Ecke, Spritzer schlugen ihr mitten ins Gesicht. Gudrun versuchte, nach dem Treppengeländer der Brücke zu greifen, da rief Vater laut gegen den Wind: »Mußt dir ein Kopftuch holen oder eine Mütze, auch einen warmen Schal, falls du hinaufkommen willst. Gut aufpassen, bei keinem Schritt loslassen. Immer festhalten!«

Vater hatte seine blaue Mütze tief über der Stirn und den Mantelkragen hochgeschlagen.

Es war durchaus nicht einfach, zurück in den Gang zu kommen. Und wie gut, daß überall an den Wänden die langen Griffe aus Messing angebracht waren. Sonst hätte man sich platt auf die Erde setzen müssen, und wäre niemals in seine Kabine gelangt.

Jakob ging vorüber und lächelte ein wenig, als er Gudrun mit krummen Knieen an einer Messingstange hängen sah. »Das kann noch ganz anders kommen, kleines Fräulein«, meinte er, als sollte das ein Trost sein.

War die »Argos« leck? Gudrun starrte eine Wasserlache zu ihren Füßen an, die mit den rollenden Bewegungen des Schiffes auf der Erde hin und her wanderte und mit Windeseile größer wurde. Das Wasser kam ja unter der Tür ihrer Kabine heraus!

Gudrun ließ das Geländer los, griff zur Tür und stieß sie auf. Gerade schäumte ein Brecher vor dem weit offen stehenden Bullauge und ein breiter Wasserstrahl schoß in die Kabine herein. Es spritzte bis auf das Bett. Der Fußboden schwamm.

Gudrun stand einen Augenblick fassungslos da. Sie hatte am Morgen das Fenster aufgeschraubt und nur wieder angelehnt, ohne es dicht zu machen. Die Schlafkoje war völlig durchnäßt. Vom Schreibtisch rieselte das Wasser in Bächen zur Erde. Die Kleider an den Haken trieften oder waren über und über mit dicken Tropfen besät. Wieder kam ein Spritzer herein. Ein Windstoß wehte grauen Schaum an die Wand. Gudrun versuchte, das Fenster zu schließen, aber die Schraube stand ihr im Wege. Dabei schäumte ihr das Wasser kalt ins Gesicht und rann unter ihren Kragen.

Sollte sie schnell hinauflaufen und Vater zu Hilfe rufen? Doch inzwischen kam immer mehr Wasser herein! Jetzt schien es sogar als wollte das Bullauge in einer anrollenden Welle einfach untertauchen. Lief dann nicht das ganze Schiff voll und mußte sinken?

Noch einmal packte Gudrun das Fenster und hielt es wenigstens mit beiden Händen zu, denn mit der Schraube, die an der Wand angebracht war, kannte sie sich nicht aus. Da wurde sie zur Seite geschoben, eine kräftige Hand hatte bereits zugepackt und drehte mit einer einzigen Bewegung die Schraube über dem Messingrahmen zu.

»Das hätten wir gerade noch geschafft«, sagte Jakob befriedigt. »Ich sah es von draußen«, fügte er zur Entschuldigung dafür hinzu, daß er die Kabine ohne Anklopfen betreten hatte. Und schon rief er laut in den Gang hinaus. Der kleine Koksmaat[6] Hans mit seinem vergnügten, sommersprossigen Gesicht kam gleich darauf mit Lappen und Eimer angelaufen. Ja, sogar ein Matrose folgte hinterher, ebenfalls mit Eimer und Feudel.

Beide nahmen schnell das Wasser auf, obwohl sie sich in der engen Kabine kaum umdrehen konnten und immer wieder mit Köpfen, Ellenbogen und Knieen zusammenprallten. Jakob zog das Bett ab, nahm die Wolldecke heraus, verschwand mit beidem und kam bald darauf mit neuem Bettzeug zurück. Dann nahm er lächelnd Gudruns Kleider Stück für Stück von den Haken und legte sie über den Arm. »Die müssen wir ein bißchen trocknen«, erklärte er.

Gudrun stand noch immer verdattert zwischen Schreibtisch und Wand. Nicht einmal mit zupacken konnte sie, da sie keinen Eimer und keinen Feudel hatte. Sie klapperte vor Kälte, denn sie stand mit beiden Füßen im Wasser und war über und über naßgespritzt.

»Ist alles nicht so schlimm, ging ja gut ab«, sagte Jakob. Er vergaß vor Mitgefühl mit ihr, daß er bisher »Sie« gesagt hatte und fuhr mit väter-

---

[6] Als Koksmaat bezeichnete man früher den Gehilfen des Steuermanns oder des Bootsmanns auf Segelschiffen.

lichem Tonfall fort »Leg dich schnell in die Koje. Ich komme wieder und hole dein nasses Zeug. Du bekommst es trocken gebügelt zurück.«
Gudrun war allein. Der Fußboden der Kabine glänzte noch feucht. Von draußen schlug die See wie verärgert gegen das geschlossene Bullauge. Manchmal sah man schon keinen Himmel mehr, sondern nur graues, dahinströmendes Wasser. Und immer lauter pfiff der Wind draußen um die Decksbauten der »Argos«.

Wie schwer hatte es das Schiff! Manchmal zitterte die »Argos« am ganzen Leibe, dann wand sie sich bebend und ächzend hin und her, und immer wieder versuchte sie, auf eine Welle zu steigen, um dann doch wieder zurückzusinken.

Gudrun mußte sich mit einer Hand festhalten, während sie ihre Strümpfe abstreifte. Dabei glitt sie vom Stuhl und konnte gerade noch das Netz ihrer Koje packen, sonst wäre sie unter das Bett gerollt.

Gewiß war der Sturm schon zum Orkan geworden! Ob Vater immer noch draußen auf der Brücke stand? Wenn die Wellen schon haushoch geworden waren und die Brücke und das ganze Schiff überspülten?

Alles, was auf dem kleinen Schreibtisch gelegen hatte, war längst zu Boden gefallen. Der Federhalter rollte unter die Koje, ebenso die kleine Flasche mit Kölnisch Wasser, die Mutter ihr für ihre Reise geschenkt hatte. Gudrun schob die nassen Strümpfe wieder zu den übrigen Sachen auf den Stuhl.

Da überkam Gudrun ein wunderliches Gefühl. Es war, als wollte der Magen sich heben. Zugleich spürte sie einen unangenehmen Geruch von Seewasser, Salz und Tang in der Nase. Sollte sie seekrank werden?

Gudrun kauerte noch immer vor der Bettkante und versuchte, sich zusammenzunehmen. Vor ihren Augen stieg das Bett langsam an und sank dann langsam zurück, während ihre Hände jeder Bewegung folgen mußten. Gudrun fühlte, wie ihr ganzer Körper in ähnlicher Weise emporgehoben wurde und dann zurückglitt, als zöge der Boden unter ihr ihn mit sich fort. Wenn es nur einen Augenblick still sein wollte, dachte sie, nur einen ganz kleinen Augenblick, dann würde ihr gewiß sofort wieder gut sein und sie konnte sich in die Koje legen.

Warum wollte sich der Magen nur immer heben? Gudrun nahm alle Kraft zusammen, denn noch war sie ja noch nicht seekrank! Ihr war nur ein bißchen komisch zumute, und sie konnte den Seegeruch nicht mehr ertragen. Jetzt raffte sie sich auf, stieg schnell in die Koje, zog die Decke bis unter das Kinn und streckte sich lang auf dem Rücken aus.

Ich bin nicht seekrank, kein bißchen seekrank, sagte sie sich immer wieder. Mir ist auch nicht mehr komisch, das ist vorbei. Es ist auch gar nicht mehr gräßlich, hier zu liegen, es ist eigentlich schön. Spaß macht es sogar, daß das Bett nicht still steht, sondern immer steigt und sinkt. Ich will auch nicht seekrank werden! Ich will nicht seekrank werden, wiederholte sie und schluckte heftig.

»Nun, Lütting?«

Vater stand vor ihrer Koje und lachte.

»Das ist vernünftig«, setzte er schnell hinzu, weil Gudrun die Augen erschrocken aufschlug. »Auf der Brücke kannst du jetzt doch nicht sein. Da wird man nur pudelnaß, und du hast ja sowieso keine trockenen Sachen mehr«, sagte er verschmitzt.

Also wußte Vater schon alles!

Gudrun wollte ihm beteuern, wie unglücklich sie darüber war, daß sie das Bullauge nicht verschraubt hatte, da sagte Vater:

»Nun kommt das nicht wieder vor, nicht wahr, Lütting? Ich hätte dich vielleicht darauf aufmerksam machen sollen, daß man sein Bullauge höchstens aufstehen lassen darf, wenn man des Wetters völlig sicher ist. Aber an wievieles hätte man dann zu denken! Versteht sich im übrigen nicht alles, was ordentlich und vernünftig ist, eigentlich von selbst, Gudrun?«

Gudrun nickte beschämt.

»Jakob war so gut«, fing sie an.

»Der steht jetzt wie eine gewiefte Plättmamsell in der Pantry[7] und stellt deinen ganzen Staat wieder her«, lachte Vater. »Ja, wenn wir unsere Jakobine nicht an Bord hätten!«

»Du sagst doch auch bitte nichts weiter, Vater?« bat Gudrun.

Vater schüttelte den Kopf.

»Auch Otto nicht —— du weißt doch, Vater—— Otto ——«

»Ich weiß«, wehrte Vater vergnügt ab.

---

[7] Als Pantry wird auf Schiffen der Anrichteraum an Bord bezeichnet, der zur Aufbewahrung und zum Anrichten von Speisen dient.

»Aber seekrank bin ich nicht, Vater«, betonte Gudrun energisch und wollte sich aufrichten. Gleich machte der Magen sich wieder bemerkbar und sie mußte schlucken.

»Nein, kein bißchen seekrank«, lachte Vater. »Ich habe doch auch meine Augen im Kopf,«

»Nein, Vater, wirklich nicht. Nur essen möchte ich jetzt nichts, Vater. Weißt du ——«

»Ich weiß«, nickte Vater wieder.

»War dir auch so komisch, als du das erste Mal an Bord warst?«

»Viel komischer noch, Gudrun. Aber ich durfte mich nicht einmal in die Koje legen.«

»War da auch gleich solch ein Orkan?«

Vater mußte lachen. »Orkan, sagst du, und du willst ein Seemannskind sein? Windstärke acht haben wir, kaum mehr als acht, —— aber das kann auch schon genug sein. Doch zu essen brauchst du nichts. Im übrigen wird deine Jakobine schon für das Rechte sorgen«, sagte er, ehe er hinausging.

Und Jakobine sorgte für das Rechte. Kaum war Vater fort, erschien der Stuart und hatte den ganzen Arm voll trocken gebügelter Kleidungsstücke. Er hing alles sachgemäß auf, sogar die Strümpfe rollte er zusammen und verwahrte sie im Wandschrank. »Für heute brauchen wir die nicht mehr«, sagte er dabei. »Heute schlafen wir nur und morgen vielleicht auch noch. Das werden wir sehen.«

Gudrun schlief tatsächlich in kurzer Zeit fest ein. Sie lag in ihrem Bett wie in einer Wiege, die von unsichtbaren Händen ununterbrochen hin und her geschaukelt wurde. Über das Vorschiff stürzte ein Brecher nach dem anderen dahin. Bis über die Brücke schäumte der Wind die Spritzer. Das Wasser rieselte um die große Ladeluke auf dem Vorschiff und verschwand wieder durch die Speigatten[8] in dem grauen, in hohen Wogen dahinrollenden Meer. Aber Vaters »Argos« ließ sich in ihrem Kurs nicht beirren. Sie versuchte, die Wellen, die fast haargenau auf den Bug zustrebten zu durchschneiden, und hatten sie zu große Gewalt,

---

[8] Das Speigatt ist eine unverschlossene oder durch eine Rückschlagklappe gesicherte Abflussöffnung im Schanzkleid von Schiffen, durch die Regenwasser oder übergekommene Gischt wieder ins Wasser abgeleitet wird.

nahm sie sie unter sich und glitt auf ihnen empor, bis das Wellental kam und sie sich neigen mußte. Gleich darauf nahm sie einen Anlauf und klomm tapfer auch die nächste Welle hinauf.

Alle vier Stunden schlugen die Glasen. Auf der Brücke wurde die Wache abgelöst, wie am Ruder und unten auf Deck. Wer draußen gewesen war, durfte in seine Koje gehen und das nasse Zeug ausziehen. Die Kombüse lieferte warmen Kaffee für jeden Mann. Jakob stieg auch auf die Brücke mit Kaffee hinauf.

In der Messe wurde nicht mehr so fein aufgedeckt. Rund um den Tisch war eine Schlingerleiste hochgeschlagen worden, und die Speisen kamen in Kummen auf den Tisch. Auch die Tassenköpfe wurden in Schalen gesetzt. Jeder mußte darauf bedacht sein, mit einer Hand seine Schale festzuhalten, sonst kam sie ins Gleiten und fiel dem Gegenüber in den Schoß.

Ab und zu guckte Jakob zu seinem Schützling hinein, der wie ein Murmeltier schlief. Nicht einmal um die Abendstunde wachte Gudrun auf.

Am nächsten Morgen schlugen die Wellen immer noch ebenso ungebärdig gegen Gudruns Bullauge und wollten zu ihr hinein. Und alle die bunten Kleider, die Jakob so glatt wie Mutter gebügelt hatte, schwankten genau so unverdrossen an ihren Haken hin und her.

Gegen Mittag kam Jakob mit einer Terrine voll Erbsen, Salzfleisch und Speck und weckte Gudrun auf.

Nun schiene es ihm an der Zeit, meinte er, daß sie etwas zu sich nähme. So etwas Gutes, wie er ihr jetzt brachte, gäbe es in der Messe nicht. Das hätte er extra für sie von der Back[9] geholt. Wer solch eine Terrine voll Erbsen esse, sei gegen jede Seekrankheit gefeit.

Gudrun griff zu dem großen Löffel und leerte unter Jakobs Augen die ganze Terrine aus. Von dem kräftigen Essen blieb nur ein kleiner Rand im Gefäß übrig.

---

[9] Von Bord zu Bord reichender Aufbau auf dem Vorschiff.

Durch die Biscaja

Das Leuchtfeuer von Quessant, dem die Seeleute den Namen »Der deutsche Grenadier« gegeben haben, war passiert, und nach dem Eintritt in die Biscaja flaute der Wind ab. Der Himmel war wie sauber gefegt, nicht ein Wölkchen war zu erblicken, auch das Meer war blau und hatte, so weit man sah, einen seidigen, geheimnisvollen Glanz. Noch gingen Wellen, doch sie schienen mehr in der Tiefe dahinzurollen, als träfen die Wasser sich heimlich dort. Hob eine Woge sich einmal bis zu der Oberfläche hinauf, verlor doch das Wasser seine Sanftmut nicht und warf sich allein zu einer aquamarinhellen, kleinen Schaumkrone hoch, die leise rieselnd wieder im Blau verschwand. Es wehte eine Frühlingsluft, die schmeichelnd um die »Argos« strich. Alle Luken und die Fenster der Messe waren weit aufgeschlagen. Die Freiwache hing zwischen den Wanten ihre bunte Wäsche auf.

Auf Deck zwischen Brücke und Kartenhaus ließ Vater Felder aus weißer Kreide malen. Der Deckjunge brachte Holzplatten und Schiefer an. Gudrun sollte lernen, Shuffleboard zu spielen.

Vater zeigte, wie man mit sicherem Schwung seine Holzplatten in die Felder schleudern mußte. Doch so einfach, wie an Land etwa Murmeln zu schieben, war diese Sache nicht. Man mußte Rechnung damit halten, daß die »Argos« nicht stille stand, sondern von den Wellen aus der Tiefe dauernd ein wenig geschaukelt wurde. Und hatte Gudrun genau gezielt und stieß ihre Holzplatte entschlossen ab, hob die »Argos« sich, und die Holzplatte glitt an den Feldern vorbei.

Wie ärgerlich war es, daß Otto, den Vater zum Mitspielen rufen ließ, niemals ein Feld verfehlte! Es war, als hielte die »Argos« für ihn den Atem an. Otto schlug sogar Vater, während Gudrun nicht einmal Vater aufholen konnte, und ging im ersten Satz als Sieger davon. Mußte man da nicht die Lust verlieren? Gudrun machte plötzlich kehrt, und zwar mitten im nächsten Spiel, und lief einfach davon, sie lief ohne sich umzuschauen bis zum Achterschiff.

Dort stand der Gänsestall. Er war gegen Spritzer und Wind mit einem Stück derben Segeltuchs zugedeckt. Bootsmann Thaden legte ihn gerade frei und begann, seinen beiden Gänsen aus einer Blechschüssel Futter zuzureichen. Die Tiere waren sein Eigentum. Er hatte sie mitgenommen, um sie in Teneriffa teuer zu verkaufen.

Auch die Gänse hatten auf der Fahrt durch den Kanal keinen Appetit gehabt und sollten nun aufholen, was sie an Gewicht verloren hatten. Thaden sah besorgt aus, während er ihnen umschichtig das sorgfältig gemischte Futter zureichte.

Auf dem Oberdeck klatschte Vater in die Hände. Gewiß hatte Otto auch den nächsten Satz gewonnen. Jetzt rief Vater über das ganze Schiff Gudruns Namen, aber Gudrun tat, als hörte sie nichts. Solange Otto dabei war, machte es keinen Spaß, zu spielen. Sie blieb bei Thaden, der nach einem prüfenden Blick über den wolkenlos blauen Himmel einen Kasten öffnete, der in der Nähe des Gänsestalls stand. Dort holte er zwei kleine Blumentöpfe heraus, in denen nichts als dunkle Erde war, und stellte sie liebevoll in die Sonne. Dann verschwand er wortlos, kam aber nach einer Weile mit einem rotlackierten Gießkännchen wieder, das Süßwasser enthielt, und goß bedächtig seine Blumentöpfe an. Noch einmal ging er davon. Diesmal kehrte er mit einem kunterbunt bestickten Sofakissen zurück, das er ausklopfte und ebenfalls in die Sonne legte.

»Es wird Sommer«, brummte er dabei, stopfte seine Pfeife und setzte sich. Aber nicht auf das Kissen, weil das ja sonnen sollte, sondern auf ein Bündel aufgeschossenes Tauwerk. Da er weder etwas sagen noch etwas unternehmen zu wollen schien, schaute Gudrun sich nach einer neuen Unterhaltung um. Auf dem Oberdeck wurde zwar nicht mehr gespielt, doch Otto stand noch mit Vater am Geländer, die Hände in den Jackentaschen vergraben, und beide waren so vertieft in ein Gespräch, daß Vater sie wohl ganz vergessen hatte.

Gudrun spazierte nun rund um das Achterdeck, ebenfalls beide Hände in die Taschen ihrer Windjacke vergraben. So ging auch die Wache an Deck immer hin und her.

Wäre sie ein Junge, würde sie natürlich Seemann werden und jetzt bei Vater als Moses fahren, entweder sein Kajütsjunge sein oder wie der sommersprossige Hans, Koksmaat in der Kombüse.[10]

Früher hatte Gudrun sich sehnlich gewünscht, ein Junge zu sein, bis Vater einmal sagte, er sei froh, daß sie kein Junge wäre, er hätte kleine Mädchen viel lieber. Von da an war Gudrun mit ihrem Los zufrieden gewesen, denn Vater war so gut, daß man ihm alles zuliebe tun mußte. Viel zu gut, meinte Mutter oft. Vielleicht war nur darum Mutter oft so streng und hatte an einem immer etwas auszusetzen.

Gudrun war auf ihrer Wanderung schließlich bis an das Oberlicht des Kesselraums gekommen und schaute hinunter. Eine gewaltige Hitze schlug ihr aus der Tiefe entgegen. Dort wurde soeben eine Feuerklappe aufgemacht. Gudrun sah einen Heizer mit schweißglänzendem Rücken, der große Schaufeln voll Kohlen in die Öffnung warf. Ein anderer Heizer blickte mit seinem verrußten Gesicht, aus dem die Zähne so weiß wie Schnee leuchteten, zu ihr empor.

Eine Eisenstiege führte von der Luke senkrecht in den Kesselraum hinunter. Obwohl der Heizer laut rief: »Vorsicht vor dem schwarzen Mann!« drehte Gudrun sich um und begann, die Stiege abwärts zu steigen. Das Geländer war warm und glatt von Maschinenöl. »Na, na«, hörte sie unter sich sagen, da stand sie schon im Kesselraum und konnte das Geländer loslassen.

---

[10] Als Kombüse wird die Küche auf einem Schiff bezeichnet.

Das Stampfen der Maschine war hier unten so laut, daß man sich fast nur durch Zeichen verständigen konnte. Der Heizer machte wieder die Feuertür auf und ließ Gudrun in die rote Glut schauen. Gleich fühlte man es; als sollte man gebraten werden. Gudruns Augen begannen zu tränen, während ihr der Schweiß aus allen Poren brach. Sie wischte sich die Augen aus und entdeckte dabei, daß ihre Hände schwarz vom Ruß waren. Auch ihre Windjacke war mit Flecken besät.

»Willst du die Maschine sehen?« rief ihr der Heizer ins Ohr. Gudrun nickte eifrig. Natürlich wollte sie Vaters Maschine sehen. Da erschien Jakobs Kopf oben in der Luke.

»Da steckst du!« rief er, seine Stimme klang erleichtert. »Wir haben schon das ganze Schiff nach dir abgesucht. In der Messe wird bereits gegessen!«

Gudrun stieg schnell die Treppe wieder hinauf und stopfte im Gang zur Messe ihre Jacke eilig hinter eine Messingstange. Vater sollte nicht auf sie warten. Doch kaum hatte sie die Tür zur Messe aufgemacht, schallte ihr ein so lautes, vergnügtes Lachen entgegen, daß sie bestürzt an sich hinunterschaute. Der Saum ihres Kleides war schwarz von Öl und Ruß, die Strümpfe auch. Sie ließ betroffen die Tür hinter sich offenstehen und lief in ihre Kabine. Dort wurde ihr vor dem Spiegel klar, wie Otto in der Messe wohl jetzt über ihren Anblick spotten würde. Sie sah im Gesicht, kaum anders aus als der Schornsteinfeger zu Haus, nur daß sie sich mit den Händen den Ruß noch über der Nase verschmiert hatte und von den tränenden Augen helle Spuren über ihre Wangen gezogen wurden. Auf der Oberlippe hatte sie sogar einen schwarzen Bart!

Gudrun war froh, daß die Messe leer war, als sie schließlich mit ihrer Säuberung fertig war und in einem frischen Kleide dort wieder erschien. Nur Jakob stand bereit, um ihr die warmgehaltenen Speisen zu bringen. Doch zum Vater auf die Brücke ging Gudrun am Nachmittag erst, als sie ihn allein oben sah.

— * —

Es war wie verhext, immer wieder kam Otto ihr ungelegen über den Weg. Gudrun stand mit Vater oben und spähte aus, ob sich auf dem tiefblauen, stillen Wasser noch immer kein Delphin zeigen wollte, und

Vater begann gerade vom Kongostrom zu erzählen, schon kam Otto aus dem Kartenhaus und stellte sich einfach dazu.

Gudrun ging zum Achterschiff, um die Gänse zu besuchen; es dauerte nicht lange, da war Otto in ihrer Nähe und schaute nach dem Log.[11] Es schien fast so, als ließe er sie keinen Augenblick aus den Augen. Gewiß, Vater hielt große Stücke auf Otto. Otto hatte auf der Seefahrtschule das beste Examen gemacht. Entfernt verwandt mit Grete war er auch, so kannten sie sich schon von der ersten Schulzeit an. Aber gab Otto das etwa das Recht, auf sie aufzupassen? Sie war doch nicht bei ihm, sondern bei Vater an Bord. Die »Agros« war Vaters Schiff!

Gudrun spähte in das Mannschaftslogis hinein und war drauf und dran, die paar Stufen hinunterzusteigen, um sich den halbrunden Raum mit den vielen Kojen zu beiden Seiten anzusehen, da lief ein Matrose herbei und meldete, der Erste ließe bitten, wieder auf das Oberdeck zu gehen. Passagieren wäre das Betreten der Mannschaftsräume untersagt.

Gudrun gehorchte zwar sofort, aber sie dachte verärgert: Was hat Otto mir zu sagen? Otto tut ja, als wäre nicht Vater, sondern er der Kapitän an Bord!

So trottete sie zur Pantry und fand Jakob dabei, das Geschirr in einen Wandschrank zu verstauen, der lauter kleine Fächer hatte, in denen die Teller und Schüsseln aufgereiht wurden.

»Willst du mir helfen?« lachte Jakob.

Gudrun nickte froh und machte sich mit einem Eifer dabei, als gäbe es nichts Schöneres auf der Welt, als in einer Pantry Ordnung zu schaffen. Zuletzt nahm sie Jakob sogar den Scheuerbesen und das Bohnertuch aus der Hand und rieb den mit Linoleum ausgelegten Fußboden solange blank, bis Jakob meinte, jetzt könnte er sich darin bereits rasieren.

In der Kombüse nebenan saß der sommersprossige Hans und schabte Wurzeln. Gudrun hatte nie gern Gemüse geputzt und war von Mutter immer nur unter Widerstreben dabei angestellt worden. Aber jetzt blickte sie so sehnsüchtig auf Hansens ungeschickte Finger, denen die

---

[11] Gerät zum Messen (loggen) der Schiffsgeschwindigkeit relativ zum Wasser. Ein Holzbrett wurde an einer mit Knoten versehenen Leine, der sogenannten Logleine, zur Beschwerung befestigt und ins Wasser geworfen; danach wurden die Leine für eine gewisse Zeitspanne so schnell über Handrollen gefiert, dass das Holzbrett möglichst an der gleichen Stelle blieb, und die durch die Hand gleitenden Knoten gezählt.

kurzen Wurzeln immer wieder entgleiten wollten, daß Jakob ihr auch ein kleines Messer reichte. Hans stülpte schnell einen leeren Eimer um, setzte sich darauf und überließ Gudrun seinen Hocker. Und als Jakob sich noch dazu stellte und anfing, das Silber nachzureiben, wurde es richtig gemütlich.

Durch das offene Fenster der Kombüse schaute man über das endlose, blaue Meer, auf dem die Sonne glitzerte. Die Luft mit ihrem Duft von Salz und Tang war so warm wie zu Hause an einem windstillen Sommertag. Aus der Tiefe vernahm man das ununterbrochene Stampfen der Maschine. Aber es klang nicht mehr hart und hämmernd, wie im Kanal. Es hatte jetzt einen ganz anderen, einen frohen Ton, als freute die Maschine in der Tiefe der »Argos« sich auch über das spiegelblanke, blaue Meer.

»Solch einen Passagier lobe ich mir«, sagte Jakob schmunzelnd und guckte in die Blechschüssel, die schon halb voll geschabter Wurzeln war.

»Ich bin doch kein Passagier«, wehrte Gudrun sich.

»Nein, nein«, verbesserte Jakob sich schnell. »Du bist ——« er stockte, denn er wußte nicht recht, was er sagen sollte.

»Ich fahre doch mit Vater.«

»Richtig«, sagte Jakob, »du bist ja auch ein bißchen Kapitän.«

Gudrun nickte. »Und wenn ich älter bin, helfe ich Vater auf der Brücke bei allem, dann bin ich immer im Kartenhaus statt Otto.«

Jakob stimmte mit ernstem Gesicht zu.

»Das kann ich ebenso gut lernen wie Otto«, fuhr Gudrun fort. »Vater wird es mir schon zeigen. Dann brauchen wir nämlich gar keinen Ersten an Bord.«

Jakob lächelte ein bißchen, aber er stimmte Gudrun gleich zu, als sie erklärte, daß sie niemals ein Passagier sein wollte, denn das wäre das Langweiligste auf der Welt, und dumm dazu. Immer nur nutzlos auf Deck auf und abzuwandern und nicht das Geringste für das schöne Essen zu tun, was man in der Messe bekam, nein, das wäre nicht nach ihrem Geschmack! Später wollte sie auch das Deck mit den Matrosen scheuern und wollte für alle an dem langen Tau Wasser aus dem Meer heraufholen. Aber jetzt wollte sie ihm und Hans immer helfen, denn Gemüse hätten sie doch wohl jeden Tag zu putzen?

»Ja, morgen gibt es Salat, den kannst du auch fertigmachen«, sagte Jakob »Er liegt im Kühlschrank.«

»Ein Delphin!« rief Hans und guckte durch das Fenster. Gudruns Messer flog in die Schüssel. Schon war sie draußen. Es dauerte auch nur einen Augenblick, da sah sie mitten im Sonnenlicht etwas Dunkles, Glänzendes auf dem Wasser wogen und gleich wieder verschwinden. Jetzt kam der Delphin wieder hoch und diesmal schoß er richtig Kobolz. Ja, er schien seinen Spaß daran zu haben, neben der »Argos« ein-her-zu-tanzen und sich dabei immer wieder zu überschlagen. Wer war eigentlich schneller, die »Argos« oder der Delphin? Wieder kam ein Delphin aus der Tiefe, und ganz dicht am Bug der »Argos« hob sich ein weiterer heraus. Man wußte bald nicht mehr, ob es jeweils der gleiche war oder wieder ein anderer, den man auftauchen sah.

Gudrun stieß plötzlich einen Ruf des Entzückens aus, denn am Horizont entdeckte sie ein Schiff, keinen Dampfer, sondern einen großen Segler mit vier Masten, dessen unzählige kleinen Raasegel hell in der Sonne leuchteten. Wie Flügel sahen die Segel aus!

Wie schade, daß die »Argos« so weit ab von dem Segler war! Konnte man nicht auf ihn zuhalten, um ihn aus der Nähe zu sehen? Konnte Vater nicht einfach so dicht an ihn heranfahren, daß man ihn anrufen konnte, um zu fragen, woher er käme und wohin er wollte?

Gudrun lief zur Brücke. Da sah sie Otto oben allein stehen. Nein, Otto durfte sie nicht bitten, der würde ihr den Gefallen bestimmt nicht tun Vater saß gewiß in seiner Kammer.

Gudrun spähte durch das Fenster. Auf dem Tisch lag nur das große Buch, in das alles über den Kurs, über Wetter und Wind eingetragen wurde. Wo mochte Vater sein?

Der große, schöne Segler war inzwischen schon ein ganzes Stück weitergefahren und sichtbar kleiner geworden. Die »Argos« mußte sich eilen, wenn sie ihn noch erreichen wollte.

Gudrun suchte in der Messe. Sie lief zum Vorschiff. Von Vater war nichts zu sehen. Sie sprang zum Achterschiff, denn dort hatte Vater gestern lange bei Thaden gestanden. Auch dort war er nicht. Schließlich entdeckte sie ihn oben in der Funkerbude. Er stand neben dem Funker, der beide Hörer über den Ohren hatte und eine Meldung aufschrieb. Als Vater Gudrun sah, machte er schnell die Tür zu einem Spalt auf. »Vater —— ein großes Segelschiff! Hast du es nicht gesehen? —— Können wir nicht schnell mal dahin fahren und es uns aus der Nähe ansehen?«

Vater lachte nur und machte leise die Tür wieder zu, denn der Funker nahm eben die Hörer ab und reichte Vater seinen Zettel hin.

Als Vater endlich aus der Funkerbude kam, sagte er:»Weißt du, Gudrun, wir können nicht einfach unseren Kurs verlassen, weil du die »Herodes« gern aus der Nähe sehen willst. Wir würden dadurch ja einen Zeitverlust haben, und was würde die Reederei dazu sagen?«

Doch weil Gudrun so enttäuscht darüber war, daß ihr der schöne Segler entgangen war, erlaubte Vater ihr, am Abend so lange aufzubleiben, wie die »Argos« aus der Biscaja hinaus in den Atlantischen Ozean kam.

Es war so warm, wie zu Hause höchstens einmal im August. Vater hatte nach dem Abendessen zwei Liegestühle hinausbringen und unterhalb der Brücke aufstellen lassen. Der Mond ging auf und breitete einen metallenen Glanz über das Wasser. Kam eine leichte Brise aus Ost, schossen jedesmal Bündel silberner Pfeile dicht über der sanften Dünung dahin. Das waren Silberfische, die wie glitzernde Strahlen flitzten. Bis fern am Horizont war der Ozean wie ein silbern leuchtender See. Er sah aus, als wäre er aus kostbarem, flüssigen Metall gegossen.

Zuerst hatte Gudrun die Sterne noch zählen können. Doch allmählich wurden es ihrer so viele, daß man daran nicht mehr denken konnte. Selbst durch die dünne Rauchfahne des »Argos« leuchteten die Sterne noch hindurch.

Gudrun lehnte sich tief in ihren Stuhl zurück und schaute wie Vater zum Himmel empor. Vor ihnen erhob sich der Lademast mit seinem hellen Toplicht. Seine Spitze bildete mit der Saling[12] ein nadelfeines Kreuz, das langsam unter den Sternen dahinwanderte. Es wies in die Höhe und breitete sich zugleich durch die Wanten zu beiden Seiten wieder wie schirmend über das ganze Schiff aus.

Unten auf Deck spielte jemand mit einem Schifferklavier. Vater richtete sich ein wenig hoch und sagte, nachdem er lange Zeit geschwiegen hatte:

»Du wirst mich vielleicht noch nicht verstehen, Lütting, aber sagen möchte ich es dir doch heute abend, weil wir zusammen eine so gute, ruhige Stunde haben. Im allgemeinen denken wir auch nicht daran,

---

[12] Die Saling ist eine Holzkonstruktion, die zu beiden Seiten neben dem Mast Befestigungs- oder Umlenkpunkte für die Wanten bietet, um den Mast oder Mastabschnitt von seinem oberen Punkt zu den beiden Schiffsseiten hin zu verspannen.

doch an solchen Abenden fühlt man, wie hart das Heimweh sein kann, das einen an Bord überkommt. Wie oft sehe ich dann unser Dach zu Hause, über dem auch manchmal die Sterne so klar stehen, und unseren alten, großen Birnbaum, durch den das Mondlicht immer nur an der einen Stelle scheinen kann, wo einmal der Sturm den dicken Ast herausgebrochen hat. Weißt du noch?«

Gudrun nickte.

»Wie gern würde ich dann auch nur für einen kurzen Augenblick bei euch sein dürfen. — Aber nun bist du ja zu mir gekommen, Lütting«, fuhr Vater fort und berührte ihren Stuhl mit der Hand. »Ich weiß, du stellst es dir als das schönste im Leben vor, auf einem Schiff zu sein und durch aller Herren Meere zu fahren. Es ist vielleicht auch das schönste Leben, was ein Mensch haben kann. Doch damit die Bäume nicht in den Himmel wachsen, wird uns immer wieder das Heimweh mitgegeben. Und wenn einen das Heimweh überkommt, möchte man für alles in der Welt gern ein Landmann sein, der Tag für Tag seinen Acker bestellt und jeden Abend wieder zu Hause sein kann. Es gehört zu allem im Leben, auch zu dem schönsten, immer ein Bescheiden.«

Der Berg über der Wolke

Jakob stellte von nun an Morgens stets die beiden Liegestühle wieder unterhalb der Brücke auf. Manchmal setzte Gudrun sich auch in den einen hinein, denn für ein Weilchen war es schön, dort zu sitzen und in dem spannenden Buch von Gunther Plüschow[13] zu lesen, das sie bei Vater in der Kabine entdeckt hatte. Es machte auch Spaß, von diesem Platz aus zuzuschauen, was an Deck geschah. Schlugen die Glasen und liefen die Matrosen von ihrer Freiwache zusammen, war dieser Platz wie eine kleine Brücke, von der aus man alles übersehen und überwachen konnte.

Lange jedoch hielt es Gudrun nicht im Liegestuhl. Sie mußte sich nach den beiden Gänsen umschauen und Bootsmann Thaden Meldung über ihr Ergehen abstatten. Sie mußte auch mit wichtiger Miene nach dem Log am Heck sehen und prüfen, wieviele Seemeilen die »Argos« lief. Dann warf Gudrun gern einen Blick in die Kombüse und unterrichtete sich darüber, was es zum Mittag geben sollte. Dabei ließ sie sich von Tudel, dem Schiffskoch, eine kleine Kostprobe reichen. Schließlich kehrte sie wieder auf ihren Wachtposten zurück, nachdem sie hinaufgeschaut und sich versichert hatte, daß auch die Brücke über ihr besetzt war, wie es sich gehörte.

[13] Anmerkung des Herausgebers: siehe Seite 147

Madeira war passiert, aber nicht angelaufen worden, da die »Argos« keine Fracht für Funchal hatte. Gudrun war darüber ein bißchen enttäuscht gewesen, doch sie begriff jetzt, daß ein Kapitän nicht nach eigener Laune fahren dürfte. Er hatte allein an seinen Auftrag zu denken das ihm anvertraute Gut auf dem besten und schnellsten Weg zu seinem Bestimmungshafen zu befördern. Auch bei der Übernahme der Rückfracht durfte das Schiff sich nicht unnötig verweilen. Sobald die »Argos« in Santa Cruz gelöscht und neu geladen hatte, mußte sie die Heimfahrt antreten.

Vater meinte aber, der Aufenthalt in Santa Cruz könnte vier bis fünf Tage währen, die die Rückfracht, die ausschließlich aus Bananen bestand, zum Teil von den anderen Inseln käme. So würden sie einige Tage zusammen auf Teneriffa sein.

Das Wetter war bisher so günstig gewesen, daß die »Argos« ihre Rekordfahrt von der Biscaja bis Santa Cruz machen konnte. Steuermann Niejahr versäumte bei dieser Feststellung nie mit einem Seitenblick auf Gudrun sein Lieblingswort zu zitieren »Wenn Engel zur See fahren, lacht der Himmel.«

Gudrun hatte gerade wieder ihren Inspektionsgang über das ganze Schiff vollendet und kam zu ihrem Liegestuhl zurück, da erschien Otto von der anderen Seite und setzte sich einfach in Vaters Stuhl, als wäre der eigens für ihn dort hingestellt worden.

»Nun, kleines Fräulein«, sagte er mit einem wohlwollenden Lächeln, »endlich ein bißchen gesetzt und vernünftig?«

Gudrun warf ihm einen bösen Blick zu, aber Otto nahm ihn vergnügt auf.

»Es paßt dir wohl nicht, daß ich hier an Bord bin«, sagte sie darauf gereizt.

»Warum nicht? Wir fahren auf dieser Route fast immer mit einem oder zwei Passagieren«.

Gudrun fuhr hoch: »Ich bin kein Passagier!«

»Richtig«, verbesserte Otto sich gleich, »aber lieber wäre es mir schon, du wärest einer.«

»So, meinst du«, sagte Gudrun schnippisch.

»Ja, das meine ich, denn mit Passagieren haben wir nicht so viel Not. Die sausen nicht überall herum, wie du den ganzen Tag. Du bist ja wie ein fliegender Fisch, nicht einen Augenblick kannst du Ruhe geben. Überall und nirgends, steckst du, und nie weiß man, wo man dich suchen soll. Passagiere wissen wenigstens, daß ihnen nicht das ganze Schiff gehört und daß sie sich nur auf dem Oberdeck aufhalten dürfen. Die wollen auch nicht in das Mannschaftslogis steigen und gucken nicht in alle Luken hinein. Und wenn sie einmal auf die Brücke kommen dürfen, vergessen sie nie, daß das eine Ausnahme ist, und verhalten sich danach. Aber vor dir ist ja nichts sicher.«

»Dich ärgert nur, daß Vater mich mitgenommen hat«, warf Gudrun ein. »Doch die anderen freuen sich darüber. Jakob sagte heute sogar, ich sollte doch immer an Bord bleiben!«

Otto ging über diese Worte hin weg und fuhr fort:

»Und gestern wärst du bestimmt an den Wanten[14] hochgestiegen, wenn du mich nicht zufällig erblickt hättest und die Kletterei aufgabst.«

Gudrun wurde rot und fühlte sich ertappt. Denn sie wäre zu gern einmal bis zur Saling hinaufgestiegen und hätte sich die »Argos« aus der Höhe angeschaut.

»Man wird ja die Angst um dich nicht los«, sagte Otto.

»Die Angst? Hast du Angst? Dann bist du ja feige«, lachte Gudrun, glücklich, ihm etwas anhängen zu können.

Aber Otto sagte ehrlich und kein bißchen beleidigt:

»Ich meine nicht die Angst um mich, sondern um dich.«

Gudrun war einen Augenblick still. Sie wußte nicht recht, was sie darauf erwidern sollte. Dann rief sie: »Vater hat nie Angst um mich!«

Da sagte Otto ernst: »Stimmt nicht. Er ängstigt sich wohl um dich, weil er dich lieb hat, aber er möchte sich nichts anmerken lassen. Doch gerade, wenn man solch einen Vater hat, sollte man ihm zuliebe verständig sein und sich des großen Vertrauens wert zeigen, das er in einen setzt.«

Gudrun kämpfte gegen ein aufsteigendes Gefühl der Beschämung an und dachte mit aller Kraft nur daran, daß Otto immer wie ein Schulmeister redete. Er war ja schlimmer als der trockene Mathematiklehrer der Klasse, und sie wünschte ihn dorthin, wo der Pfeffer wächst.

Da sagte er überdies noch:

»Aber du scheinst noch nicht zu wissen, was für einen guten Vater du hast und wie reich du damit vom Leben beschenkt worden bist. Einen

---

[14] Wanten sind Tauwerk zur seitlichen Abstützung der Masten. Auf Segelschiffen sind die Wanten durch eingebundene Webeleinen zu Strickleitern zusammengefasst.

besseren Vater als deinen kann man sich überhaupt nicht denken, und wenn man seinen Vater nicht einmal gekannt hat ––«

Er zog seine Uhr und hielt im Sprechen inne.

Gudrun warf von der Seite einen scheuen Blick auf ihn. Sie mußte plötzlich daran denken, daß Otto schon von früher Kindheit an keinen Vater mehr gehabt hatte. Auch seine Mutter war früh gestorben. Eine Tante hatte ihn zu sich genommen und erzogen.

Otto steckte die Uhr ein und stand auf.

»Wir müssen die Position nehmen. Ich denke, in ein oder zwei Stunden könnte der Tino[15] des Pik gesichtet werden.«

»Der Pik?« Schnell sprang auch Gudrun auf. »Dann sind wir ja bald in Santa Cruz?«

Otto lachte: »So schnell geht es nun doch nicht.«

»Wo ist denn der Pik zu sehen? Vor uns?« Gudrun starrte über den Bug des Schiffes hinaus, doch so weit das Auge reichte, erblickte sie nur Wasser und darüber einen wolkenlosen Himmel.

»Wo ist er denn zu sehen?« fragte sie noch einmal ungeduldig.

»Unter dem Horizont darfst du ich nicht suchen«, lachte Otto. »Höher hinauf mußt du Ausschau halten, Gudrun.«

»Höher hinauf? Du willst mich nur anführen, aber ich krieche nicht auf den Leim«, sagte Gudrun und fügte überlegen hinzu: »Ich weiß wohl, du willst nur verhindern, daß ich ihn zuerst entdecke. Großvater hat nämlich gesagt, wer als erster den Pik sichtet, dürfte sich etwas wünschen, und das ginge immer in Erfüllung!«

»Stimmt«, gab Otto zu. »Nur dicht über dem Horizont wirst du ihn bestimmt nicht sichten.«

»Etwa oben im Himmel?« lachte Gudrun. »Das kannst du anderen weismachen, aber nicht mir!«

»Oben am Himmel«, sagte Otto, »und darum gehen die Wünsche auch in Erfüllung.« Er war drauf und dran, auf die Brücke zu steigen.

»Warst du schon mal auf dem Pik?« rief Gudrun.

---

[15] Der Pico del Teide, manchmal auch Teyde, ist mit 3.718 m die höchste Erhebung auf Teneriffa. Mit 7.500 Metern Höhe über dem Meeresboden ist er der dritthöchste Inselvulkan der Erde. Tino, wörtlich übersetzt, bedeutet Wanne (span.), Bottich (ital.). Gemeint ist wohl die Form der Bergkuppe.

»Ja, einmal, vor zwei Jahren.«
»Ich steige nämlich auch hinauf«, sagte sie mit wichtiger Miene.
Otto drehte sich an der Treppe um und sagte mit neckender Überlegenheit:
»Damit wartest du wohl lieber, bis du ein paar Jahre älter und erwachsener bist, denn auf den Pik zu steigen, ist keine Kleinigkeit.«
»Doch, ich tu's! Vater hat es mir erlaubt«, triumphierte Gudrun. Aber Otto ging schon hinauf und drehte sich nicht mehr um.
»Wetten, daß ich es tue?« rief Gudrun laut zur Brücke hinauf.

— * —

Am Horizont breitete sich eine dünne Wolkenschicht aus, die vom Passatwind herrührte und mehr und mehr wuchs. In langen Wellen wanderte der Ozean dahin. Auf der Brücke standen nicht nur Vater und Otto, auch Steuermann Niejahr war hinaufgekommen, nachdem er sich im Kartenhaus von der Position überzeugt hatte, ebenfalls Maschinist Koldgreen. Alle Mann, die Freiwache hatten und sonst gern in ihre Kojen krochen, weil sie der blendenden Sonne und Strahlung müde geworden waren, standen draußen und hielten Ausschau. Selbst Jakob lehnte in der Tür der Pantry und hob immer wieder ein langes Rohr ans Auge, den Kieker seines Großvaters, der sich mehrere Male ausziehen ließ.

Auch im Oberlicht des Kesselraums erschien ab und zu ein verrußter Kopf und reckte sich, um den Horizont und den Himmel zu mustern. Nur Bootsmann Thaden kehrte, nachdem er seinen Blumentöpfen Wasser gegeben hatte, in seine Kammer zurück und warf nicht einmal einen Blick über den Bug der »Argos« hinaus. Er allein schien keine Wünsche zu haben.

»Wenn man oben auf der Saling ritte, Vater, müßte man ihn doch zu aller-allererst sehen«, meinte Gudrun; fiebernd vor Aufregung. Stimmte Vater ihr jetzt zu, durfte sie die Wanten emporsteigen und kein Otto konnte sie davon zurückhalten.

Aber Vater sagte leider, es sei in diesem Falle ganz gleich, wo man sich an Bord der »Argos« befände. Auch von der Saling aus würde man schwerlich den Pik eher entdecken, als von einer der Luken aus.

»Man muß nur Glück haben«, sagte Otto und ließ sein Glas wieder am Riemen herunterhängen. Er blickte gleichgültig in den Himmel hinauf.
»Vater, was wünschst du dir denn, wenn du ihn zuerst findest?« fragte Gudrun.
»Das habe ich mir noch gar nicht überlegt«, lächelte Vater.»Ja, wenn ich allein wäre, würde ich mir natürlich wünschen, daß wir beide hier zusammen sein könnten ——«
»Weißt du, Vater, man sollte sich etwas ganz ganz Großes wünschen«, fiel Gudrun eifrig ein,»weil es doch in Erfüllung geht!«

— * —

»Darf man wohl wissen, was das ganz ganz Große wäre?« fragte Otto. Aber er machte kein spöttisches Gesicht dabei, sondern sah vielmehr ehrlich gespannt aus.
»Was soll eine junge Dame sich wohl wünschen«, mischte sich Niejahr schmunzelnd ein in das Gespräch.
»Nun, was meinen Sie denn?« fragte Vater, der seinen Spaß an dem Eifer hatte, mit dem Niejahr immer wieder sein Glas vor die Augen setzte.
»Für eine junge Dame gibt es nur einen ganz ganz großen Wunsch«, antwortete Niejahr und schloß für einen Moment die Augen, um sie von dem angestrengten Schauen auszuruhen. Dann blinzelte er Gudrun zu:
»Eine junge, hübsche Dame wünscht sich einen jungen, hübschen Mann, — versteht sich, daß es ein Seemann ist. Tüchtig muß er nebenbei natürlich auch sein.«
»Nun, Lütting, stimmt's?« lachte Vater.»Hat Niejahr ins Schwarze getroffen?«
»Falsch!« rief Gudrun triumphierend.»Ich habe mir etwas ganz anderes gewünscht, —— aber eigentlich kann es gar nicht in Erfüllung gehen«, setzte sie ein bißchen kleinlaut hinzu.
»Solche Wünsche gelten nicht«, sagte Otto.»Aber wenn dein Wunsch doch nicht in Erfüllung gehen kann, darf man ihn gewiß erfahren.«
»Ich wollte mir wünschen«, gestand Gudrun,»daß ich immer bei Vater fahren dürfte. Aber das kann ja nicht sein.«
»Nein«, sagte Vater lächelnd,»du mußt weiter in die Schule gehen, und später mußt du irgendetwas Ordentliches lernen. Abgesehen davon hat

Otto ganz recht: es hat keinen Sinn, sich etwas Unmögliches zu wünschen. Sollte es dennoch in Erfüllung gehen, würde es bestimmt kein Glück bringen. Du mußt also schon etwas anderes finden, Gudrun. Der Wunsch kann auch für die Zukunft gelten, — also erst später Erfüllung finden.«

»Mein Wunsch soll erfüllt werde, aber nicht gleich; die Erfüllung liegt sogar ziemlich weit in der Zukunft«, lachte Otto. Da machte er plötzlich einen Sprung, wie ein Junge, der sich unbändig über etwas freut, und rief triumphierend:

»Da ist er, ich sehe ihn!«

Er wies mit der Hand mitten in die helle Passatwolke hinein, ein gutes Stück über dem Horizont. Alle Gläser flogen vor die Augen, unten an Deck, wo Ottos Ruf gehört worden war, liefen die Matrosen an der Reling zusammen.

Die weiße Wolke, die eigentlich mehr ein Schleier war, zeigte eine zarte Spitze. Wenn man scharf hinschaute, war zu erkennen, daß diese Spitze ein hell schimmernder Bergkegel war. Das war der Tino des Pik!

Otto nahm sein Glas hoch, um sicher zu gehen, daß er sich nicht getäuscht hatte. Dann sagte er strahlend: »Was ich mir gewünscht habe, verrate ich aber nicht. Eines Tages kommt es schon heraus! Es dauert nur noch ein Weilchen, und ich darf die Geduld nicht verlieren. Doch alles Gute auf Erden kostet Geduld!«

— * —

Die Abenddämmerung kommt im Süden nicht, wie bei uns zu Hause, auf leisen Sohlen an und verwandelt mit einer ununterbrochen wechselnden Farbenglut kaum merklich die Welt des Tages in die Welt der Nacht.

Als die Sonne hinter dem Ozean untergetaucht war, war auch ihr Licht sogleich wie ausgelöscht. Dunkel und drohend ragte, nur für Augenblicke, noch das Felsengebirge Teneriffas mitten aus dem Meer heraus, ein Gefüge gewaltiger, dunkler Brocken, die von unvorstellbaren Kräften aus der Tiefe des Meeres emporgeschleudert und wild übereinander getürmt worden waren. Ihre harschen Ränder tauchten in die Passatwolke hinein und wurden gleichsam von ihr aufgesogen.

Schon war es Nacht rundum, aus der wie aus weiter Ferne unzählige kleine Lichter blinzelten und flimmerten. Die langen rollenden Wogen waren zu geheimnisvollen Ungetümen geworden, die sich von allen Seiten um die »Argos« zu schlingen suchten, die Brandung toste und tobte in rauschenden Wogenkämmen.

Gudrun stand an der Reling allein, denn der Lotse, dessen kleine Barkasse plötzlich neben der »Argos« aufgetaucht war, war auf die Brücke gestiegen. Gudrun spürte zum ersten Male, seit sie bei Vater an Bord war, ein leises Bangen im Herzen. Hätte sie oben bei Vater sein dürfen, wäre dieses Bangen nicht in ihr hochgekommen. So aber schien ihr, als lägen die schweren Felsenungetüme, die die Nacht verschlungen hatte, irgendwo ganz in der Nähe wie eine drohende Macht. Sie hielten sich im Hinterhalt, wo viele verstreute Lichter wie Augen wilder Katzen durch das Dunkel funkelten. Von dort ging auch das Tosen und Dröhnen der hohen Wellen aus.

Die »Argos« hatte ihre Fahrt verlangsamt und rollte zwischen den Wellenbergen, über die der Lichtschein aus den Bullaugen, immer wieder von rauschendem Schaum zerstäubt, unruhig hin und her tanzte, wie ein Nachen auf und nieder. Das ganze Schiff schien mitunter leise zu beben, als hätte es keine Steuerung mehr.

Wie konnte die »Argos« in den Hafen finden? Wußten Vater und der Lotse auch genau, wo die Einfahrt lag? Es gab ja so viele Lichter, die nun nicht mehr allein vor dem Bug, sondern auch an Steuerbord auftauchten, alle wanderten sie in den Ozean hinaus.

Die See wurde ruhiger. Gudrun glaubte plötzlich, aus weiter Ferne fremde Laute zu vernehmen. Die vielen, funkelnden Augen blinkten nicht mehr freischwebend in der Dunkelheit. Einige ordneten sich zu Reihen an und holten das breite Band eines hellen Weges immer deutlicher aus der Nacht heraus. Andere Lichter ließen weiße Blöcke sichtbar werden, andere flimmerten hinter Palmen mit langen Wedeln. Die fremden Stimmen wurden lauter. Gudrun hörte einen Esel klagend rufen. Sie stand an der Reling nicht mehr allein. Jakob war neben sie getreten, und hinter ihr lief Thaden eilig vorbei.

Die Schiffsmaschine wurde gestoppt. Ein weißer Kai lag voraus, auf dem Schatten von Menschen und Tieren wimmelten. An diesen Kai schob die »Argos« sich langsam heran. Kommandos schallten von der Brücke, und gleich darauf war Vater da und schaute neben Gudrun auf den Kai.

Die »Argos« war bei den Glücklichen Inseln gelandet.

Santa Cruz

»Nicht so schnell, Vater —— Vater, sieh doch mal!«

Gudrun blieb vor einem Laden stehen, dessen Schaufenster eine buntgestreifte Markise beschattete.

Vater lachte ein bißchen: »Zuerst müssen wir auf die Agentur unserer Reederei. Hinterher haben wir genug Zeit, uns alles in Ruhe anzusehen.«

Vater ging weiter, mitten über den kahlen Marktplatz, auf dem die Sonne blendend weiß brannte, so daß man die Augen kaum aufhalten konnte.

Wie wunderlich waren nur alle Häuser gebaut, die den Platz umstanden! Keiner daheim würde glauben, daß das überhaupt Häuser wären, in denen Menschen wohnten; denn sie hatten nicht nur ein flaches Dach und sahen oben wie abgeschnitten aus, sie hatten auch kaum ein Fenster, und bei manchen gab es nicht einmal eine Tür, sondern nur ein rechteckiges Loch, vor dem eine Decke hing. Sah man ein Fenster, war es sorgsam mit einer Jalousie verschlossen, und eine kleine Brüstung aus verschnörkelten Eisenstangen war davor angebracht, über die ein Sonnendach gezogen war. Jedes Haus war in einer anderen Farbe gestrichen, in hellblau oder mattgrün oder gelb. Doch auf der Sonnenseite wirkten alle Farben fast weiß.

Vater mußte Gudrun förmlich am Arm weiterziehen, denn sie drehte sich immer wieder nach den Männern um, die im Schatten der Häuser auf Stühlen oder auf einer steinernen Schwelle kauerten. Sie trugen große, geflochtene Hüte, und die meisten hielten zwischen den Lippen einen Zahnstocher, wenn sie nicht rauchten. Alle schauten Vater und ihr fast bewegungslos nach und schienen nichts anderes zu tun zu haben, als zu beobachten, wer über den Marktplatz ging.

Jetzt kam ein halbwüchsiger Junge über den Markt, neben sich einen kleinen Knaben, der nur ein Hemd auf dem Leibe hatte, dessen Saum hinten zu einem Knoten geschlungen war, so daß sein kleines braunes Hinterteil zur Hälfte entblößt war. Der große führte einen Esel, der auf jeder Seite eine Tonne trug und sich nur mit langsamen, schleppenden Schritten vorwärtstreiben ließ. Der Eseltreiber sang mit seiner hellen Stimme so unbekümmert laut, als wäre er ganz alleine auf der Welt.

Die Gasse, aus der die beiden gekommen waren, lag im Schatten, und gegen das blendende Licht auf dem Markt schien dort dunkle Nacht zu sein.

Wieder blieb Gudrun stehen, denn vor sich sah sie drei Frauen diese Gasse emporsteigen, von denen jede ein bauchiges Tongefäß auf dem Kopf trug. Sie hielten das Gefäß nicht mit den Händen fest, es stand frei auf ihrem Kopf. Die Frauen gingen mit leise schwankenden Armen nebeneinander her.

Vater zog Gudrun weiter.

»Fällt der Krug nicht herunter, Vater? Haben sie ihn auf dem Kopf festgebunden?«

»Wenn du darauf warten willst, bis ihr Wasserkrug hinfällt, kannst du ewig hier stehen«, lachte Vater und hakte sie unter.

Sie stiegen hinter den Frauen die Straße bergan und hielten sich auf der Seite, die im Schatten lag. Der Schatten kam nicht von einer Häuserfront, sondern von einer hohen Gartenmauer, über deren Rand rote und violette Blütendolden hingen. Die Luft in der ganzen Straße war von ihrem Duft erfüllt. Es duftete nach Nelken und Hyazinthen und

Heliotrop. Ja, jetzt war es deutlich zu spüren, daß der Duft von Heliotrop herkam. Vater mußte Gudrun führen, denn Gudruns Augen hingen an der Brüstung der Mauer, wo sich der Heliotrop, der zu Hause doch nur eine kleine, bescheidene Blume war, wie ein Schlinggewächs weiterrankte. Jetzt brach die Mauer ab und machte einer hohen eisernen Pforte Platz. Auch Vater mußte einen Augenblick stehenbleiben, denn durch diese Pforte schaute man tief in einen Garten oder Park hinein, der wie aus einem Märchen genommen schien. Große Blattgewächse, die Vater Agaven nannte, begleiteten einen rötlichen Weg. Hinter ihnen erhoben sich Dattelpalmen in einer langen Reihe. Ein halbhoher Baum mit graugrünen Blättern hing voll gelber, leuchtender Blüten — das waren Apfelsinenblüten.

»Gudrun, dort geht eine vornehme Spanierin«, flüsterte Vater. Doch ehe Gudrun genau hinschauen konnte, war die in Schwarz gekleidete Dame schon in einem Haustor verschwunden. Nur ihre Dienerin, die einen Spitzenschirm zusammenklappte, blieb einen Augenblick vor der Pforte stehen, doch ehe Vater und Gudrun herangekommen waren, schloß sie das Gitter laut von innen ab.

Nun mußte Vater sich mit seinem Taschentuch den Schweiß von der Stirn wischen. Die Hitze schien von Minute zu Minute zuzunehmen. Gudrun brannten die Füße, und doch wollte sie am liebsten den ganzen Tag über durch sämtliche Straßen und Gassen von Santa Cruz gehen, um alles Fremdartige und Wunderbare in vollen Zügen zu genießen.

Vater lachte darüber. »Warte nur, in der Mittagsstunde kennst du auch keinen anderen Wunsch mehr, als irgendwo im Schatten still zu sitzen und keine Sonne mehr zu sehen.«

Sie bogen in eine andere Straße ein, die an einem Hang entlangführte, auf dem lauter Gärten in Terrassen angelegt lagen. Nur an der einen Seite standen die flachen Häuser, aber nicht mehr in Reihen, sondern jedes von einem Garten und einer Mauer umgeben. Hier schaute man über Palmen und graugrüne Kakteen, die so hoch wie Sträucher waren, hinweg auf die ferne schwarze, zerklüftete Wand des Anagagebirges. Vater sagte, das Gebirge wäre nicht schwarz vom Schatten, der Stein selbst wäre so dunkel wie Kohle und hieße Basalt. Dann zeigte Vater Gudrun einen Kaktus am Wege, der über und über voll gelbbrauner Blüten stand. Jede Blüte war fast so groß wie eine Hand. Und auf den graugrünen Blättern konnte man winzig kleine rostrote Tierchen finden, das waren die Läuse, aus denen früher der rote Farbstoff gewonnen wurde.

»Könnte man solch einen Kaktus nicht mit nach Hause nehmen?« meinte Gudrun und maß seine Höhe und Breite. Sie dachte an die sorgsam gehüteten kleinen Kakteen in bunten Blumentöpfchen, die man daheim überall in die Fenster stellte und die nur bescheidene rosa oder rote Blüten bekamen. Hier standen die Kakteen einfach an den Straßen herum und waren ein Unkraut, wie etwa die Brennessel. Aber sie stachen noch schlimmer. Vater warnte Gudrun, die sich gerade eine Blüte abbrechen wollte, im letzten Augenblick.

Man wußte wirklich nicht, wie man all das Seltsame und Fremdartige schnell genug mit den Augen aufnehmen sollte! Gudrun hätte fast vor dem Anblick armlanger weißer Blüten, die wie Tuben aussahen und stärker dufteten als Mutters ganzer chinesischer Gewürzschrank mit all den Tütchen voll Nelken, Zimmet und Anis zusammengenommen, das Kamel übersehen, das mit einer hochaufgetürmten Last auf auswärts gestellten Beinen an ihnen vorüberschritt. Sie mußte dem Tier und seinem Treiber natürlich noch nachschauen, bis beide um die Ecke bogen. Dann mußte Vater ihr erlauben, über die kleine Steinmauer zu steigen, um sich die großen weißen Blüten aus der Nähe anzusehen, die »heilige Nacht« genannt wurden, obwohl sie botanisch einen anderen Namen hatten.

Gudrun stieß einen Ruf des Entzückens aus. Auf der Steinmauer saßen zwei Eidechsen und sonnten sich. Jetzt raschelte es leise zu ihren Füßen: eine noch größere Eidechse schlängelte sich zwischen zwei Steinen hindurch und war gleich darauf in einem Spalt wieder verschwunden. War es nicht wie im Märchen? Hatte die große Eidechse nicht ein Krönchen auf dem Haupt gehabt? Die Welt rundum war so voller Wunder, daß Gudrun auch das nicht mehr unmöglich erschienen wäre!

Endlich kamen sie vor einem Gitter an, hinter dem ein breites weißes Haus mit einer Terrasse rundherum lag. Hier wohnte der Vertreter der Reederei, den Vater aufzusuchen hatte.

Gudrun hatte ursprünglich mit hineingehen wollen, doch nun erschien es ihr verlockender, draußen zu bleiben und dort auf Vater zu warten. Denn was konnte sich draußen nicht alles inzwischen ereignen? Vielleicht kamen noch mehr Kamele vorüber, oder es ließ sich wieder eine vornehme Spanierin sehen. Oder wieder gingen Frauen mit Tongefäßen auf dem Kopf, in denen sie ihr Trinkwasser trugen, über die Straße. Vater hatte erzählt, daß sie ihr Kopftuch auf kunstvolle Weise zu schlingen verständen, so daß das Gefäß dort Halt bekäme. Aber im übrigen verständen sie, wie keiner zu Hause, mit dem Kopf jede Last auszubalancieren. Konnte sie wohl auch lernen, so wie die Frauen auf den Glücklichen Inseln, mit einem Krug auf dem Kopf zu gehen?

»Frag nach dem Pik!« rief Gudrun hinter Vater her. Dann stand sie allein auf der sonnenhellen, verlassenen Straße vor den von Gärten umgebenen Häusern, die mit ihren fensterlosen Wänden wie nach innen gekehrt aussahen.

Jetzt erst wurde ihr ganz tief bewußt, daß sie sich in einer neuen Welt befand. Sie mußte an sich hinabschauen, als wollte sie sich vergewissern, ob sie selbst noch immer die gleiche war. Ja, sie war noch Gudrun und hatte ihr schönes, hellrotes Waschkleid an, das Mutter im letzten Sommer selbst genäht hatte. Sie selbst war noch kein bißchen verwandelt, nur rund um sie her war die Welt anders und geheimnisvoll fremd.

In der Ferne rauschte das Meer. Auch zu Hause hörte man oft das Meer, vor allem im Herbst, wenn die Südweststürme kamen. Doch wie anders rauschte der Ozean als die Ostsee. Es war ein barsches, abgebrochenes Brausen, mit dem die Brandung an der Bucht von Santa Cruz zerschellte. Die Wogen rollten ja nicht, wie daheim, auf einen flachen, weichen Strand. Nur an einer kurzen Strecke im Hafenbecken war Sandgrund. Sonst prallten die Wogen gegen Klippen und Felsen an, wurden zurückgestoßen und von der nächsten Woge wieder gewaltsam gegen die schwarzen Bergwände getrieben. Auch die Sonne war die gleiche Sonne wie zu Haus, und doch hatte sie hier ein anderes Licht. Es war, als söge es alle Farben in sich ein, und ihre Wärme konnte man fast wie eine lauwarme Flüssigkeit auf der Haut spüren. Die Sonne war gleichsam nicht nur über einem, nein, sie war in einem darin. Sie war in allem, in den weißen Mauern, die so blendeten, daß man nicht lange hinschauen konnte, ohne daß die Augen tränten, sie war in den Terrassen mit der rötlichen, krümeligen Erde, sie war in dem betäubenden Blumenduft. Selbst in den graugrünen, staubigen Kaktus schien sie eingedrungen zu sein.

Gudrun ging ein paar Schritte weiter, wo eine hohe, bröcklige Mauer einen breiten, lockenden Schatten spendete. Auf dem Weg unterhalb der Mauer hockte eine alte Frau mit einem tief ins Gesicht gezogenen Kopftuch und spielte mit einer Handvoll Mais, die in ihrem Schoß lag. Die Frau schaute auf, als Gudrun näher kam. Sie hatte ein holzbraunes Gesicht mit einer schmalen, gebogenen Nase. Ihre dunklen Augen richteten sich offen auf Gudrun und schauten nicht fort, als Gudruns Blick sie traf. Jetzt rückte die Frau ein bißchen zurück, als wäre in dem breiten, dunklen Schatten der Mauer, der scharf abgezirkelt auf der hellen Straße lag, nicht genug Platz für Gudrun. Sie schaute Gudrun noch immer mit einem stillen Glanz ihrer Augen an, wie ihn Gudrun bisher nur in den Augen kleiner Kinder gesehen hatte, die mit einer abwartenden Ruhe alles gleichermaßen in sich aufsaugen. Wie faltig das Gesicht der alten Frau auch war, es lag über ihm eine wunderbare Heiterkeit, als könnte sie nichts betrüben oder erregen.

Gudrun setzte sich neben die fremde Frau, den Rücken ebenfalls gegen die kühle Mauer gelehnt, als gehörte sie dorthin. Es wunderte sie auch kaum, daß die Frau nun eine kleine Handvoll gelber Maiskörner ihrer Schürze entnahm und in Gudruns Kleiderschoß rieseln ließ, damit auch sie etwas zu spielen hatte.

So saßen sie eine lange Weile wortlos nebeneinander, nur von dem Duft der Nelken umspielt, die in langen Blechkästen auf der Brüstung der alten Mauer blühten. Dann hob die Frau den Kopf. Sie sagte nichts, sie zeigte auch nicht mit dem Arm auf das Ziel ihres Blickes. Gudrun folgte dennoch unwillkürlich der langsamen, bedeutungsvollen Bewegung ihres Kopfes. Da sah sie, daß die Passatwolke über den Bergen zu wandern begann. Sie war lichter geworden, sie schwebte gleichsam in die blaue, ferne Luft dahin. Und aus ihrem zarten Gespinst löste sich allmählich ein Kegel heraus, es war die Spitze des Pik, die nun frei über den Wolken zu schweben schien und selbst wie durchscheinend war.

Die schroffe Wand des Anagagebirges mit den strengen, schwarzen Falten wurde noch tiefer schwarz. Ein leichter Luftzug kam die Straße entlang. Aber er brachte keine Kühlung, er streifte fieberwarm die Haut. Die Nelken über der Mauer begannen leise zu nicken, die Palmen hoben ihre vielfingrigen Wedel ein wenig und ließen sie müde wieder sinken. Von den Terrassengärten auf der anderen Seite der Straße hob sich ein feiner, rötlicher Staub. Ein neuer Windstoß folgte und trug mit dem Staub das blendende Sonnenlicht davon. Gudrun mußte die Augen schließen und spürte nur den warmen Wind im Gesicht. Als sie die Augen wieder öffnete, saß sie an der Mauer allein, das Häufchen Maiskörner im Schoß. Doch die Straße entlang kam Vater gegangen. Er rief schon von weitem.

»Es klappt mit dem Pik! Du mußt aber heute nachmittag schon nach Orotava fahren. Morgen ist der Führer frei.«

Gudrun sprang vor Freude hoch und hing sich gleich in Vaters Arm. Sie kam also auf den Pik! Was würden Hannelore und Grete sagen! Beide hatten ja ihre ersten, versprochenen Kartengrüße noch nicht bekommen!

»Karten kaufen wir uns in der Gaditana«, sagte Vater, »wo wir jetzt zu Mittag essen wollen. Dort kannst du sie gleich schreiben. Hinterher gehen wir an Bord, denn ihr müßt euch zur Fahrt fertigmachen.«

»Ihr?« Gudrun blickte Vater erstaunt an.

»Ja, ihr —— Otto und du«, lachte Vater.

»Du kommst nicht mit auf den Pik?«

»Was denkst du denn, Lütting! Die Pikbesteigung nimmt zwei Tage in Anspruch. Sieh mal, heute müßt ihr nach Orotava fahren, morgen in aller Frühe geht von dort der Aufstieg los. Nachts bleibt ihr oben in den Bergen, und am Tage darauf geht es wieder bergab. Ihr seid wohl erst am Freitag von Orotava wieder hier. Es kann gut sein, daß wir bis Sonnabend mittag geladen haben, dann fahren wir sofort aus. Glaubst du, ich könnte drei bis vier Tage von unserer »Argos« fortbleiben, während sie in einem fremden Hafen liegt?« fügte er hinzu. »Und eins noch, Lütting«, nun lachte Vater ein bißchen, »du kannst vieles von mir erwarten, doch daß ich unter die Bergsteiger gehen soll, ——— nein, das nicht!«

Gudrun war still, während sie in der Mittagsglut abwärts durch die Straßen gingen, die Augen immer wieder vor dem hochwirbelnden Staub schließend. An einem Toreingang blieb Vater plötzlich stehen und legte seinen Arm um ihren Hals.

»Traurig, Lütting? Enttäuscht?« fragte er. »Bist du wirklich traurig? Du bist doch auf den Glücklichen Inseln?«

Gudrun mußte nicken, obwohl sie sich dessen ein wenig schämte.

»Nur, weil ich nicht mit dir auf den Pik steige?«

Sie nickte wieder.

Da lachte Vater laut und schüttelte sie ein wenig. »Willst du lieber hierbleiben, anstatt mit Otto nach Orotava zu fahren und auf den Pik zu kommen?«

»Ich wollte doch so gern mit dir«, brachte Gudrun leise heraus. Sie ärgerte sich darüber, daß ihr Tränen in die Augen traten.
»Kind, das geht nicht«, redete Vater ihr gut zu. »Und selbst wenn es ginge —— ich glaube, daß ich kein Bergsteiger bin ——«
»Ich hatte mich so darauf gefreut, Vater, und nun soll ich mit Otto ——«
»Dann laß es doch«, schlug Vater noch einmal vor. »Laß die ganze Geschichte mit dem Pik und bleib in Santa Cruz bei uns auf der »Argos«. Glaube mir, es sind schon unzählige Menschen auf Teneriffa gewesen, ohne auf den Pik zu steigen.«

Gudrun schwieg und dachte nach.

»Es gibt hier auch genug Schönes zu sehen«, fuhr Vater fort. »Du würdest dich bestimmt nicht langweilen, nicht einen Augenblick, dafür stehe ich ein. Und so viel Zeit habe ich sicher, daß wir uns mal zusammen einen Wagen nehmen können und ein Stück an der Südküste entlangfahren. Oder wir steigen in den Omnibus, der hinauf nach La Laguna fährt, und sehen uns die Bananenplantagen und tiefen Flußläufe an, auch die alten Höhlen, in denen die Urbevölkerung, die Guanchen, gewohnt haben. Wir können auch zusammen zu einem erkalteten Lavastrom wandern. Und überall kaufen wir uns Bananen und essen echt spanische Küche. Wir können vielleicht auch einmal zusammen am Strand baden. Denk doch, wenn du zu Hause erzählen kannst, daß du im Atlantischen Ozean gebadet hast. Nur hinausschwimmen darfst du mir nicht, denn dann bekäme ich dich nicht wieder. Und morgen trifft unsere erste Bananenfracht[16] von der Insel Gran Canaria ein, da kannst du gleich sehen, wie wir sie übernehmen.«

Gudrun hatte aufmerksam zugehört. Verlockend war alles, was Vater vorschlug, und doppelt verlockend, weil sie alles gemeinsam mit ihm erleben würde. Aber sollte sie gar nicht auf diesen himmelhohen Vulkan kommen, der so geheimnisvoll lockend über die Passatwolke hinausschaute? Sollte sie nach Hause zurückkehren, ohne den Pik bestiegen zu haben? Vater beobachtete lächelnd, welchen Weg Gudruns Gedanken nahmen. Ehe sie ihren Entschluß aussprach, sagte er schon:
»Dann würde ich doch lieber mit Otto hinaufsteigen, oder richtiger gesagt, hinaufreiten, denn von Orotava aus geht es mit Maultieren in die Berge.«

---

[16] Anmerkung des Herausgeber: siehe Seite 147

»Mit Maultieren? Wir reiten? Bis ganz nach oben?«

»Nicht bis ganz nach oben, aber gut 3.000 Meter hoch wird geritten«, sagte Vater. »Jetzt wird allerdings an einem Weg gebaut, damit man auch mit einem Auto so hoch kommen kann. Doch noch muß man bis unter den Tino reiten. Reiten finde ich auch viel schöner, meinst du nicht? Mit dem Auto kann später jeder hinauffahren.«

Gudruns Augen leuchteten. Mit einem Maultier sollte sie auf den Pik reiten! Noch niemals war sie auf einem Maultier geritten, sie kannte bisher nur Bauernpferde. Was würden Hannelore und Grete, was würde die ganze Klasse für große Augen machen, wenn sie ihnen das erzählen konnte! Sie würden es ihr gewiß zuerst einfach nicht glauben wollen.

»Siehst du, das habe ich mir gedacht«, sagte Vater. »Otto kann ich dich auch anvertrauen, denn ein Kinderspiel ist solch ein Pikritt nicht, Gudrun. Dann ist also alles in bester Ordnung. Ihr fahrt heute nachmittag los. Nachtquartier für euch ist in Orotava bestellt.«

Sie wanderten Arm in Arm über den Marktplatz, auf dem die Sonne jetzt unerträglich blendete. Selbst die Männer mit den breiträndigen Hüten und dem Zahnstocher zwischen den Lippen waren verschwunden. Es war auch kaum mehr ein Schatten auf dem ganzen Platz zu finden.

Sie kamen zu dem Laden mit den vielen fremdartigen Waren, und Vater blieb mit Gudrun vor der Auslage stehen.

Da waren ganze Ballen kostbarer Seidenstoffe aufgestapelt und so feine Stickereien, daß man einfach nicht glauben konnte, wie Menschen sie mit der Hand angefertigt haben konnten. Ehe sie von Santa Cruz abreisten, wollten sie für Mutter eine besonders schöne Decke aussuchen, die Gudrun ihr als Reisegeschenk mitbringen durfte.

Zwischen den Stoffen und Stickereien standen hohe, bunte Vasen; sie waren mit Emaille eingelegt, stammten aus China und hießen Cloissoné. Dann lagen auf einer weißen Sammetplatte kostbare Edelsteine ausgebreitet, hellblaue und dunkelblaue, auch einige gelbe. Das waren Saphire, sie stammten aus Indien. Die dicken Elfenbeinzähne dagegen, von denen einer sogar eine Fassung aus purem Gold hatte, waren aus Afrika eingeführt. Vater wußte alles; man brauchte ihn nur zu fragen.

Und als sie genug gestaunt und bewundert hatten, waren sie sich einig über den großen Hunger, den jeder verspürte, und wie schön es wäre, wenn man sich auch nur für kurze Zeit irgendwo ins Kühle setzen konnte und etwas Gutes zu essen bekäme.

Die spanische Weinstube Gaditana, in die Vater Gudrun führte, hatte keine Tür, sondern nur eine schmale Öffnung mit einer vorgehängten Decke, die wie ein dunkles Kellerloch wirkte. Auch die Gaststube war im ersten Augenblick ganz dunkel. Allmählich erst konnte man eine Theke und lange Reihen von Fässern entdecken, die rundum an allen Wänden aufgeschichtet waren. Von diesen Fässern duftete es würzig und süß nach Wein. Es duftete aber auch nach gutem, kräftigen Rauch denn von der Decke herunter hingen Bündel dunkelroter, fetter Würste.

Durch einen Nebenraum schaute man hinaus auf den Patio, den offenen Innenhof, der ringsum von einer Steinmauer umgeben war.

Der Wirt kam in einer langen, weißen Schürze über dem weißen Anzug, die bloßen Füße in Strohsandalen, herein und begrüßte Vater gleich wie einen alten Freund. Vater sprach spanisch mit ihm und ließ sich dabei viele Male die Hand schütteln.

Sie wählten im Nebenraum einen Tisch, von dem der ganze Patio zu überblicken war. Schlingpflanzen bildeten ein so dichtes Dach über dem Hof, daß die Sonne nur mit einem grünlichen Schimmer hindurchscheinen konnte. In der Mitte des Patio war ein kleines Beet. Auf dem standen die weißen Tuben der »Heiligen Nacht«.

Nachdem Vater und Gudrun ein Gericht in Öl gebackenen Tintenfisch gegessen hatten, zu dem es keine Kartoffeln gab, sondern eine Schale mit Brot, das in Brocken gebrochen war, stellte der Wirt ein Porzellanschwein auf den Tisch, in dessen durchlöchertem Rücken viele zugespitzte Hölzchen staken.

»Was sollen wir damit?« lachte Gudrun.

»Das wirst du gleich merken, wenn du keine Gabel bekommst.«

Nun kam eine Schüssel, in der sich ein Berg grüner Oliven häufte, und eine zweite Schale mit Käse, der ebenso wie das Brot in kleine Stückchen zerbrochen war.

Gudrun mußte nun mit solch einem Hölzchen eine Olive aus der Schüssel picken. Die Olive hatte einen wunderlichen Geschmack, der sich eigentlich mit nichts vergleichen ließ. Gudrun hatte Mühe, die Frucht herunterzuschlucken. Vater schmunzelte über ihr verzogenes Gesicht und ermunterte sie, eine zweite zu nehmen. Und die zweite schmeckte schon ganz gut, die dritte sogar köstlich. Jedesmal nahm man ein neues Hölzchen aus dem Rücken des Porzellanschweins, um sich eine Olive aus der Schüssel zu picken. Vater mußte schließlich Gudrun mahnen, zwischendurch auch ein Bröckchen vom Brot und vom Käse zu essen. Wollte sie sich denn am ersten Tage auf Teneriffa schon den Magen verderben?

Plötzlich klatschte es auf den Tisch. Von der Decke der Gaststube hatte sich ein wunderliches, graues Tier herabfallen lassen. Es sah einem kleinen Lurch ähnlich und hockte für einen Augenblick zwischen den Schüsseln, als wollte es sich umschauen, wohin es gelangt sei, dann schob es sich schnell zum Tischrand weiter und war schon verschwunden. Es hatte sich einfach zu Boden gestürzt. Im ersten Augenblick hatte Gudrun sich erschrocken, doch wie sie sich das vom Himmel gefallene Tier näher betrachten wollte, war es schon fort. Sie schaute sich unter Tisch und Stühlen um, aber es war nirgends mehr zu sehen.

»Das war ein Gecko«, lachte Vater. »Die haben es so an sich, einem plötzlich in die Schüssel zu fallen.«

Da erinnerte Gudrun sich daran, daß Großvater dieses komische Tier schon erwähnt hatte. Sollte noch einmal ein Gecko von der Decke herunterkommen, würde sie sich nicht verwirren lassen, sondern schnell zupacken, um ihn sich genau anzusehen. Aber es kam kein zweiter Gecko aus der Höhe hinab.

Nun durfte Gudrun in die Gaststube gehen und den Wirt um ein paar bunte Ansichtskarten bitten. Obwohl sie kein Wort Spanisch sagen konnte, verstand der Wirt sie sofort und lieferte ihr gleich einen ganzen Karton bunter Karten zur Auswahl aus. Er kam bald darauf mit einem kleinen Tonkrug zu ihnen hinaus und schenkte Vater und ihr ein Gläschen voll von einem Wein ein, der über fünfzig Jahre alt war und noch schöner und süßer schmeckte als die beste Torte.

Wenn Mutter und Hannelore und Grete sehen könnten, dachte Gudrun, wie ich hier mit Vater in einer spanischen Weinstube auf den Canarischen Inseln sitze. Sie nippte von ihrem Wein und schaute sich stolz und glücklich nach allen Seiten um. Neue Gäste waren gekommen, drei Männer mit Strohhüten und Leinenschuhen, die sich an den Nebentisch setzten und auch gleich anfingen, Oliven mit einem Hölzchen aus einer Schüssel herauszupicken. Kaum hatten sie gegessen, begannen sie, sich

Zigaretten zu drehen, und zwar mit einer Hand. Das sah wie ein Zauberkunststück aus. Gudrun konnte ihre Augen gar nicht davon abwenden.

Als der Wirt wieder gegangen war, erzählte Vater so viel Schönes und Interessantes von Teneriffa, daß man stundenlang zuhören konnte. Manches klang wie ein Märchen. Wenn Vater es nicht gewesen wäre, hätte Gudrun niemals im Leben geglaubt, daß auf den Glücklichen Inseln das einfache Wasser so kostbar war, wie anderswo das Gold. Doch da Vater sagte, daß die Plantagenbesitzer viel Geld dafür bezahlen, um nur ein oder zweimal in der Woche für jeweils eine Stunde oder eine halbe Stunde das Wasser, das hoch oben aus den Bergen gepumpt wurde, auf ihr Land leiten zu dürfen, mußte es stimmen. Nur auf diese Weise, sagte Vater, könnten sie ihre Bananen und ihre Tomatenanpflanzungen wässern, und ohne dieses kostbare Wasser, das von den Bergen in auszementierten Rinnen heruntergeleitet wurde, könnte es auf Teneriffa überhaupt keine Ernte geben. Alles müßte verdorren. Doch wer genügend Wasser kaufte, hatte in jedem Jahr drei bis viermal eine Ernte Tomaten, und seinen Klee konnte er in einem Jahr zwölfmal schneiden.

»Wenn ihr nach Orotava fahrt, Lütting«, sagte Vater, »wirst du vielleicht diese Wasserrinnen sehen, auch die Zuleitungen, die sich die Plantagenbesitzer zu ihren Landstücken gemacht haben. Mitunter siehst du auch große Zisternen, die sich Grundbesitzer für viel Geld vollaufen lassen. Wasser ist hierzulande wie fließendes Gold.«

Vater zog seine Uhr. »Nun müssen wir aber gehen. Du mußt dich auf deine Reise vorbereiten. Otto und Niejahr werden mich auch schon an Bord erwarten.«

— ∗ —

Gudrun war enttäuscht, daß ein gewöhnliches graues Auto auf den Kai gefahren kam. Nur die Schutzbleche des Wagens waren so verbeult, wie man es zu Hause niemals sah, und überall war der Lack abgestoßen. Auch die Türen schlossen nicht fest. Man mußte darauf achten, nicht dagegenzustoßen, sonst flogen sie sofort auf.

Und wie rumpelte und polterte der Wagen! Manchmal machte er förmlich einen Sprung und sauste in höchster Fahrt durch die schmalen Gassen und um alle Ecken. Es konnte einem Angst und Bange dabei werden. Gudrun schaute nach dem Armaturenbrett, doch der Tachometer schien kaputt zu sein, denn er rührte sich nicht.

Santa Cruz lag schon weit hinter ihnen. Der Weg führte auf halber Höhe eines steilen Hangs entlang, zu dessen Füßen weite Pflanzungen lagen. Große Penkas[17] säumten den Weg. In einer Kurve kam ihnen ein Eseltreiber mit seinem Tier entgegen. Der Esel war so schwer mit Säcken beladen, daß man nur seinen Kopf und die dünnen Beine sah. Und nicht einen Schritt wich das Tier zur Seite. Dagegen machte der Wagen einen Satz, als wollte er sich lieber den Abhang hinunterstürzen, dann den Esel mit sich reißen oder überfahren. Gudrun blieb für einen Augenblick das Herz stehen, da rollte der Wagen schon mit erhöhter Fahrt durch die Kurve.

Gudrun wandte sich scheu nach Otto um, der neben ihr saß. Hatte Otto bemerkt, daß sie sich erschrocken hatte? Aber Otto zog gerade die Tür wieder zu, die in der Kurve aufgeflogen war, und sagte lächelnd:

»Ja, nun müssen wir beide sehen, daß wir uns unterwegs auch ein bißchen vertragen.«

Gudrun setzte sich tiefer in den Wagen zurück. »Wenn du nicht immer schulmeistern willst«, sagte sie überlegen.

»Wenn du immer Grund dazu gibst«, gab ihr Otto im gleichen Tonfall zurück. Dann sagte er kameradschaftlich: »Du mußt nur ein wenig vernünftig sein und dich an das halten, was ich sage. Sonst müßte ich mich vor der Verantwortung fürchten, die mir dein Vater übertragen hat«.

Gudrun wollte antworten, daß sie seine Verantwortung nicht brauchte, sondern gut allein nach Orotava fahren könnte, denn für den Aufstieg zum Pik hätte Vater einen Führer bestellt, da zog Otto ein Päckchen heraus, schlug das Papier auseinander und stellte ihr einen geflochtenen Korb mit großen, tiefblauen Früchten, die fast eine Form wie Birnen hatten, auf den Schoß.

»Wegzehrung —— « sagte er, »frische Feigen. Hast du schon mal frische Feigen gegessen?«

»Noch nicht einmal gesehen«, gestand Gudrun und biß gleich neugie-

---

[17] Penca, wörtlich übersetzt, bedeutet fleischiges Blatt/ Blattstiel oder Agaven-/Palmenblatt. Da von großen Penkas, die den Weg säumten, die Rede ist, sind wohl Agaven oder Palmen gemeint.

rig in eine Feige hinein. Sie war weich und saftig und schmeckte —— ja, wie schmeckte sie eigentlich? Gudrun besann sich vergeblich, womit sie diesen schönen Geschmack vergleichen könnte. Und da Otto fragte »Schmeckt's gut, ja?« wußte sie ihm keine andere Antwort zu geben, als sich wortlos den Magen zu streicheln, denn die Lippen hatten genug damit zu tun, den aromatischen Saft einzusaugen.

Zwischen mattgrünen Olivenbäumen kam überall graubrauner brüchiger Felsenboden zutage. Durch die Ritzen des klappernden Wagens drang eine herrliche kühle Luft. Der Wagen war in immer neuen Kurven weiter emporgestiegen. Jetzt fuhr er durch einen Lorbeerhain und bog in einen breiten Promenadenweg ein, der auf beiden Seiten von Palmen begleitet wurde. Ohne die Geschwindigkeit herabzusetzen, sauste der Wagen durch eine Stadt. Es war Sankt Christobal de Laguna, die frühere Hauptstadt der Insel Teneriffa.

Otto wußte zu erzählen, daß ein Vulkanausbruch des Piks vor vielen Jahren den Hafen dieser Stadt so restlos zerstört hatte, daß sie ihren Rang als Hauptstadt an den günstiger gelegenen Ort Santa Cruz abtreten mußte. Otto wußte überhaupt viel von den Inseln zu erzählen, auch vom Pik und seinen verschiedenen Vulkanausbrüchen, die aber alle lange Jahre zurücklagen. Es wäre also bald mal wieder an der Zeit, lachte er, daß sich der Pik melden könnte.

Gudrun hatte Otto zuerst nur mit halbem Ohr zugehört, denn sie ärgerte sich ein bißchen darüber, wieviel er zu berichten wußte. Nur Vater sollte alles wissen, nur Vater sollte ihr alles erklären. Doch wie der Wagen nun hinab in das Tal von Takoronte fuhr, und sich vor ihr die weiten, von der Abendsonne überglühten Weinberge, die Terrassen mit blühenden Bäumen und Schlinggewächsen, die Alleen mit Zypressen auftaten, zwischen denen einzelne Häuser hervorleuchteten, kam sie selbst immer wieder ins Fragen und Staunen.

In der Tiefe, der der Wagen mit rasender Fahrt entgegensteuerte, breitete sich der Ozean mit seinen großen, rollenden Wellen aus. Alle Hänge waren in Terrassen geteilt. Riesige Bananenplantagen wechselten mit Anpflanzungen von Mais ab, die gleichsam in Stufen zur Küste herunterwanderten, wo sich ein heller Strand ausbreitete. Am Wege standen hohe Euphorbien und Agaven. Dazwischen rieselte das Bergwasser in engen Rinnen. Vor den Häusern erhoben sich Dattelpalmen, und jetzt kamen sie zu dem berühmten Botanischen Garten, wo die Drachenbäume standen, die Otto ihr zeigte.

Der Wagen mußte langsamer fahren, denn die ersten Straßen der Villa de Orotava waren erreicht. Überall spielten Kinder, saßen Frauen mit Säuglingen auf dem Schoß oder an der Brust, hockten Männer, wie in Santa Cruz auf dem Markt. Die Häuser waren aber prächtiger als in Santa Cruz. Manche sahen wie kleine Burgen oder Schlösser aus. Rund um das Dach führten Ornamente, und die Gitter vor den Fenstern waren mit kunstvollen Mustern verziert. Man sah sogar Herren in Tropenhelmen spazierengehen, und vor einem großen Hotel parkte eine lange Reihe heller Autos.

Sie waren vor dem Gasthaus angelangt, in dem Vater Zimmer bestellt hatte. Nachdem sie im Patio mit vielen anderen Menschen zusammen gespeist hatten, führte Otto Gudrun zu ihrem Zimmer. Sie sollte sich gleich schlafen legen, da der Führer am nächsten Morgen schon um vier Uhr mit den Maultieren vor dem Gasthaus sein würde.

Ein so merkwürdiges Zimmer hatte Gudrun noch nie gesehen! Es hatte dicke, weiße Wände und war fast kahl. Nur ein Bett stand darin, ein kleiner Waschtisch und ein einziger Stuhl. Statt eines Fensters hatte eine Tür, die zu einem überdachten Gang rund um das Haus führte, oben eine kleine Scheibe, durch die etwas Licht in den Raum trat. Die Pfosten des Bettes standen in mit Petroleum gefüllten Gefäßen. Das war ein Schutz gegen die Ameisen, die es überall in Massen gab, und deren man sich anders nicht erwehren konnte. Otto ermahnte Gudrun auch, den Stuhl mit ihren Kleidern nicht unmittelbar neben das Bett zu stellen, sonst nützten die kleinen Petroleumschalen unter den Bettpfosten nichts.

Gudrun kleidete sich sofort aus. Sie war von dem langen Tag voll neuer, aufregender Eindrücke und Erlebnisse, von der Sonne und Wärme so müde, wie noch nie in ihrem Leben. Sie wollte gerade in ihr Bett steigen, da vernahm sie plötzlich einen hohen, bebenden Ton, dem sich gleich darauf viele, fast gleich hohe, bebende Töne anschlossen. Gudrun machte die Tür auf und trat auf den Gang hinaus. Da war draußen die ganze Welt vom Zirpen und Grillen erfüllt. Hunderte, tausende — nein, millionen Grillen mußten es sein, die von allen Seiten ihre helle Stimme in die Nacht hinaus schickten. Die Luft selbst schien ins Beben geraten zu sein.

Gudrun stellte sich an die Brüstung und schaute in den Himmel hinauf. Noch nie hatte sie die Sterne so nah und so klar gesehen. Es war, als lebte der Himmel in diesen Sternen auf eine ganz eigene Weise. Wenn man eine lange Zeit draußen stand, nur hinaufschaute und sich nicht rührte, glaubte man zu spüren, wie die Erde sich in dieser dunklen Unendlichkeit voller blitzender Sterne langsam weiterbewegte und durch den unermeßlichen Weltenraum wanderte.

Gudrun lehnte solange an der Brüstung und schaute empor bis ihr Nacken steif wurde und die Augen vor Müdigkeit zufielen. Da kroch sie in ihr Bett, zog die Decke fest um sich, damit kein Zipfel herunterfiel und den Ameisen einen Zugang zum Bett verschaffte, und schlief unter dem hauchdünnen, bebenden Zirpen der Millionen Grillen ein.

Ritt auf den Pik

Eine kleine Karawane zog am nächsten Morgen bei Sonnenaufgang an den letzten Häusern der Villa de Orotava vorbei. Sie machte oberhalb des Ortes noch einmal vor einem Felsenkeller Halt, aus dessen dunkler Öffnung der spanische Weinbauer heraustrat und dem Führer wie den beiden Treibern einen Schluck roten Landwein anbot.

Nur Gudrun und Otto ritten auf braunen, starken Mulos. Ein drittes Maultier, mit Decken und Mundvorrat, zu dem auch ein kleines Fäßchen Landwein gehörte, beladen, schritt hinterher. Pepe, der Führer, ein großer hagerer Mann mit tiefbraunem Gesicht unter seinem breitrandigen Hut, ging neben Gudrun einher. Der eine Treiber hielt den Schwanz von Ottos Mulo in der Hand und ließ sich von dem Tier ziehen, während der andere das Lasttier am Halfter führte und somit den kleinen Zug beschloß.

Einige Hütten, aus Stroh oder Laub zusammengefügt, vor denen Rosen und Margeriten blühten, säumten noch den steilen Weg, der bald in einen schmalen Pfad überging, der sich zwischen scharfen Steinbrocken durch hohes Heidekraut wand. Mitunter war die Erika so dicht zusammengewachsen, daß man den Pfad nicht mehr sah. Doch die Mulos schienen den Weg genau zu kennen.

Die Villa mit ihren hellen Häusern und Palmengärten lag nun schon tief unten und schickte dem sich unermüdlich aufwärtswindenden Zuge nur noch ein Hahnenkrähen nach. Und tiefer unter ihr lag der Hafen, Puerto de Orotava, mit seinen großen Hotels und hell von der Sonne beschienenen Alleen. Von dort dehnte der Ozean sich aus, graublau und riesenhaft. In weiter Ferne zog die Rauchfahne eines Dampfers dahin.

»Dreh dich nicht soviel um«, rief Otto Gudrun zu.

Gudrun wandte den Kopf schnell zurück und angelte nach dem Steigbügel, der ihr entglitten war. Pepe schaute unter seinem Hutrand zu ihr hinauf und lachte ein bißchen, während er ihren Fuß in den Steigbügel half.

Es war ein wunderliches Gefühl, auf einem Mulo zu reiten. Man saß beängstigend hoch. Gudrun wäre beim Aufsitzen fast auf der anderen Seite des Sattels wieder heruntergeglitten; sie hatte auch in den ersten Minuten kaum gewagt, am Hals des Tieres vorbei zur Erde zu schauen. Nun aber fühlte sie sich schon ganz sicher. Außerdem war Pepe immer neben ihr und hielt die eine Hand leicht an ihrem Zügel. Wozu brauchte Otto sich noch um sie zu sorgen?

Wie schade, daß Pepe kein Wort Deutsch verstand. Gudrun hätte ihn gern nach vielem gefragt. Doch Pepe lachte nur, wenn sie ihn ansprach, und antwortete etwas, von dem sie allein das Wort »Signorita« verstand.

Woher nur konnte Otto Spanisch? Gudrun hörte, daß er ab und zu mit seinem Treiber sprach. Jetzt rief er auch Pepe etwas auf Spanisch zu. Sofort nahm Pepe ihre Zügel fester in die Hand. Otto tat wohl gar, als wäre sie noch ein unbeholfenes kleines Kind!

Unter den Lorbeerbäumen kroch dichter weißer Nebel herauf. Der Pfad führte mitten in diesen Nebel hinein. Die Luft wurde frisch und kühl und man konnte kaum mehr als den dunklen Kopf des Maultieres sehen. Es war die Passatwolke, durch die sie ritten, die gleiche Wolke, die man von Orotava und Santa Cruz aus wie einen breiten Ring um das Gebirge liegen sah.

Die Hufe der Mulos hallten plötzlich laut wider von barem Gestein. Aus dem Nebel trat glattgewaschenes, stahlblaues Geröll. Das Maultier stieß mit seinem hochgerichteten Kopf durch die Wolkendecke hindurch und trug seinen Reiter wieder in die Sonne hinein.

Dunkelblau war der Himmel, wolkenlos klar die Luft, die Welt war zu einer weiten Schale geworden, die auf einer weißen Wolke stand. Und in dem tiefen Himmelblau über ihr erhob sich fern und hoch, vom Sonnenlicht wie umschlungen, der breite, gelbbraune Kegel des Pik!

Noch standen knorrige Stämme allerorts, aber das Gestein gewann sichtbar überhand über den Pflanzenwuchs. Goldbraune Lava, zu grobkörnigen Kies verwittert, bedeckte den Boden, auf dem nur noch ein ginsterartiges Gewächs mit weißen und zartrosa Blüten stand. Das war die Retama, die die Luft mit einem süßen Honigduft erfüllte.

Schwarze, faltige Bergwände, richteten sich in einem weiten Halbkreis auf. Sie sahen aus wie geschmolzenes und wieder erstarrtes Gestein. Sie zäumten einen weiten, lavaerfüllten Kessel ein, in dem der Pik wie ein gewaltiger Zuckerhut stand. Das war ein uralter Kraterrand, der den Namen Canadas trägt.

Stunde für Stunde zog die kleine Karawane in schattenloser Sonnenglut durch die Canadas dahin, wo es kein anderes Leben gab, als die abertausend duftenden Retamabüsche, zwischen denen die Maultiere in einer Kette wanderten. Gudrun schrak von einem kleinen Gurren auf. Pepe hielt mit diesem Laut ihr Maultier an. Sie mußte lange wie in einem Halbschlaf geritten sein, den Kopf unter den unbarmherzigen Sonnenstrahlen gesenkt, die Hände willenlos auf der kurzen, heißen Mähne des Mulos ruhend. Pepe half ihr hinuntersteigen und fing sie in seinen Armen auf.

»Mittagsrast«, lachte Otto, der schon unten angekommen war. Er kroch sofort unter den Schatten eines breiten Retamastrauchs, packte Brot und Käse aus und tat für Gudrun einen kalten Maisbrei, den er Gofio nannte, in ein Schüsselchen. Er schenkte ihr auch einen Becher voll roten Landwein ein. Otto benutzte zum Trinken kein Gefäß. Er machte es genau so wie Pepe und die beiden Treiber, nahm das kleine Weinfaß in beide Hände, schüttelte es ein wenig, so daß der rote Wein, rund um das Spundloch spülte, dann setzte er das Fäßchen an den Mund und trank daraus mit kurzen, gluckernden Schlucken.

Gudrun hatte noch einen Rest Gefio in ihrer Schüssel auf dem Schoß, da fielen ihr die Augen zu. Der Kopf war so schwer und die scharfe Helligkeit kaum zu ertragen. Sie wachte erst auf, als die Treiber einen langgezogenen, singenden Ruf ausstießen, um die Mulos aus ihrem Stehschlaf aufzuwecken.

In die goldgelbe Lava waren zwischen Retamabüschen und Aschenkegeln kaum sichtbare Spuren getreten. Auf ihnen zogen die Mulos mit unbeirrbarer Sicherheit ihren Weg durch die Sonnenglut, an groben Steinbrocken vorüber, die in der Hitze wie weiches Blei zu glühen schienen und die wohl haushoch waren, wie klein sie auch in dieser Weite wirkten. Ähnlich wie hier mußte es gewiß in Afrika in der Wüste sein.

Gudrun schaute immer wieder zum Pik hinauf, der noch kaum näher gekommen schien, wie lange sie seit der Mittagsrast auch weiter durch die Canadas gezogen waren. Der zerklüftete Bergrand war bereits einer fernen Kulisse gleich geworden und noch immer führte der Pfad in leisen Schwingungen durch die leblose Welt. Allmählich häuften sich die Steinbrocken an, der Pik wuchs höher in den Himmel hinauf. Er war kein blasser, durchscheinender Kegel mehr, er war dunkler geworden und erhob sich auf einem breiten, massiven Fuß, um den die schwarzen Riesenbrocken wie durcheinandergewürfelte Bauklötze lagen.

Pepe faßte Gudruns Mulo fester am Zügel und begann vorauszugehen und das Tier hinter sich herzuziehen, denn der Pfad ging in Serpentinen über und wurde in kurzer Zeit beängstigend steil.

Gudrun schaute nicht mehr zum Pik empor, auch nicht hinter sich zurück. Sie starrte am Halse des Tieres vorbei auf den schmalen, in immer kürzer werdenden Schleifen unermüdlich steigenden Pfad. Manchmal waren die Kehren so kurz, daß das Maultier in sich zu verbrechen schien. Bebend strebte sein Kopf nach oben, während die Füße langsam die Rundung abtasteten. Lava und gelbe Asche rieselten knirschend unter den Hufen herab. Ein Windstoß machte sich auf. Alle Glut war in einem Nu aus der Luft verschwunden, wie auch die Luft selbst plötzlich verändert war. Man mußte die Lungen mit kurzem, heftigem Atem füllen, damit sie sich sättigen konnten.

Gudrun erkannte die Schutzhütte, die auf nahezu 3.000 m Höhe wenige hundert Meter unter dem obersten Krater des Pik lag, erst, als ihr Mulo zitternd stehen blieb und Otto hinter ihr absprang. Die Hütte war auf einem schmalen Felsenabsatz des Bergkegels errichtet, ein hügelförmiger Bau, dessen Dach rundherum bis auf die Erde gezogen und dick mit Zement überkleidet war. Zwei Öffnungen waren gleichsam in dem Dach ausgespart, in die man, ohne sich bücken zu müssen, gerade noch eintreten konnte. In dem einen Raum, der eine gemauerte Feuerstelle hatte, war der Boden dicht mit Stroh belegt. Dorthin wanderten die Mulos sofort, als strebten sie heim in ihren Stall. In dem andern Raum, der kleiner und fast dunkel war, lag ebenfalls Stroh auf der Erde ausgebreitet. Einige grobe Matratzen standen dort an die Wand gelehnt, auch eine Kiste, die das nötige Eßgeschirr barg.

Wo war plötzlich alle Müdigkeit geblieben? Gudrun fühlte sich so frisch, als wäre sie nach langem, tiefem Schlaf soeben aus dem Bett gesprungen. Sie lief von dem einen Raum in den andern, um alles zu untersuchen, alles zu besehen! Sie hatte kaum Zeit, sich von Otto ihren Mantel aufdrängen zu lassen. »Kalt? Du findest es kalt?« lachte sie übermütig. »Himmlisch frisch ist es hier oben, kein bißchen kalt!«

Aus der Öffnung des Nebenraums drang feiner Rauch. Gudrun lief schnell hinein. Dort standen die beiden Treiber und schürten Glut auf der Feuerstelle an. Die Flammen warfen einen lustigen Schein über ihre braunen Gesichter und spiegelten sich in den glänzenden Mulofellen wider. Jetzt legte der eine Treiber ein Büschel trockne Retama auf dem Feuer nach. Gleich sprangen Funken hoch und tanzten förmlich vor Freude. Es sah so geheimnisvoll aus, wie in einer Räuberhöhle tief im Wald.

Gudrun lief wieder hinaus. Otto hatte einen Klappstuhl auf dem Platz vor der Hütte aufgestellt, schlug ihn aber sofort wieder zusammen.

»Es weht zu sehr. Wir können nicht draußen sitzen«, meinte er. Wir setzen uns drinnen auf eine Matratze, um zu essen. Hilfst du mir ein bißchen, alles auszupacken und zurechtzumachen?«

Gudrun nickte. Da trat ein Treiber mit einem Eimer heraus und ging um die Schutzhütte herum. Wollte er Wasser holen? Gab es hier Wasser? Gudrun kam gerade noch zurecht, um zu sehen, wie der Treiber in eine Schlucht hinunterstieg, in deren Tiefe Eis lag, richtiges Eis! War es hier nicht wie in einem Zauberland?

Otto hatte recht. Es wehte stößig um die Hütte und der Wind war empfindlich kalt. Dennoch fror Gudrun nicht. Sie fühlte sich wunderlich wach und aufgelegt. Am liebsten wäre sie den steilen Bergkegel unter der Hütte in großen Sätzen hinabgesprungen! In der Tiefe krochen zwischen den Felsenklötzen schwarze Schatten heraus. Jetzt war es in den Canadas gewiß auch nicht mehr so sengend heiß. Jetzt müßte man dort unten reiten können! Gudrun schaute sich unternehmungslustig das

Dach der Schutzhütte an. Konnte man dort nicht hinaufsteigen und auf das Plateau hinunterspringen? Gudrun mußte ihren Leinenhut mit beiden Händen festhalten, sonst hätte der Wind ihn gleich davongetragen. Der Mantel wehte wie Flügel nach beiden Seiten, als sie von dem Zementdach hinuntersprang. Sie kam unten gerade vor Otto an, der aus der Hütte getreten war, um die Schlafdecken auszuschütteln.

»Du bist wohl bergkrank?« Otto lächelte so nachsichtig, als wäre sie ein törichtes Kind, das man nicht für voll nehmen dürfte. Doch dann fügte er mit einem ernsten Gesicht hinzu: »Das gibt es nämlich, und das kann recht bedenklich sein, Gudrun! Du mußt dich ein bißchen zusammennehmen und nicht so sinnlos herumtoben. Es ist nur die dünne Luft, die dich aufgeregt macht. Darum darf man aber nicht gleich außer Rand und Band geraten. Bei diesem dummen Sprung hättest du leicht zu Schaden kommen können. Und was wäre dann geworden?«

Gudrun ging lachend über seine Mahnung hinweg. Sie zog ihren Schuh aus, in den Lavakörnchen gedrungen waren, und sagte:

»Können wir nicht jetzt noch bis oben auf die Spitze steigen? Das ist gar nicht mehr hoch, - hell genug ist es auch noch«, fügte sie schnell hinzu, um ihm gleich diesen Einwand fortzunehmen.

»Jetzt noch bis auf die Spitze?« Otto sah sie an, als hätte sie irre geredet.

»Warum wollen wir bis morgen früh warten? Ich bin kein bißchen müde. Wenn du müde bist, kannst du ja hierbleiben, und ich steige allein hinauf.«

Otto sagte gelassen: »Es wird wahrscheinlich überhaupt nichts mit dem letzten Aufstieg. Wenn der Wind in der Nacht nicht abflaut, geht es nicht, dann müssen wir morgen früh umkehren.«

»Wie? Ich soll überhaupt nicht bis nach oben?«

»Doch, wenn der Wind bis morgen nachgelassen hat, dann geht es, sonst aber nicht.«

Gudrun war einen Augenblick sprachlos. Konnte das sein Ernst sein? Hatte er gar keinen Schneid? So kurz vor dem Ziel kehrte man nicht um! Sie guckte Otto wie von oben herab an und sagte: »Du bist also —— du bist einfach wieder feige. Du hast bloß Angst!«

Ehe Otto sich dazu äußern konnte, hatte sie sich umgedreht und lief in den Stall zu den Mulos. Dort stand Pepe an der Feuerstelle und briet in einer Pfanne goldglänzende Maiskuchen, die köstlich dufteten.

Wenn Pepe sie nur verstehen könnte! Er würde gewiß das letzte kleine Stückchen bis zum Krater gleich mit ihr hinaufsteigen. Er sah gar kein bißchen müde aus und kannte bestimmt keine dumme Angst. Wovor auch sollte man Angst haben?

Gudrun versuchte, Pepe am Ärmel hinauszuziehen, um ihm durch Zeichensprache ihren Wunsch verständlich zu machen. Aber er wehrte sich lachend und wies immer wieder auf das Feuer, das ununterbrochen mit trockener Retama in Brand gehalten werden mußte. Dann hob er einen Maiskuchen aus der Pfanne, verneigte sich lächelnd, sagte »Signorita« und stopfte ihr damit einfach den Mund.

— * —

Gudrun hatte noch nie im Leben eine Nacht schlaflos gelegen. Immer war sie gleich eingeschlafen, sobald sie sich die Decke bis an die Ohren gezogen hatte. Auch an diesem Abend schlief sie sofort, nachdem Otto ihr noch einen Sack über die Wolldecke gebreitet hatte, weil von draußen eine empfindliche Kälte in die Hütte drang. Aber Gudrun geriet bald in einen wunderlichen Zustand zwischen Wachen und Traum, dessen sie sich immer nur auf Augenblicke bewußt wurde, wenn Otto sie bat, nicht so viel zu reden und sich wieder gut zuzudecken.

Gudrun träumte, daß sie auf der obersten Spitze des Pik stände und beide Arme ausbreitete. Schon flog sie mit gewaltigen Flügeln, die um sie rauschten. Die Sonne brannte unerträglich heiß; die Sonne stand aber nicht nur über ihr, sie war überall, wohin man blickte. Schon war der dunkle Schatten wieder fort unter den Gudrun in ihrer Angst vor dem blendenden Licht gekrochen war. Und nun drang die Sonne sogar mitten in ihre Augen hinein und drehte sich dort mit Windeseile herum, immer im Kreis wie Feuerwerk, wobei Funken und Silberschlagen nach allen Seiten sprühten.

Was für Lichter waren das, die fern durch die Dunkelheit zogen? Fünf Lichter in einer Reihe, die leise schwankend durch die schwarze Tiefe wanderten?

»Otto, sieh mal, da unten sind Lichter«, flüsterte sie.

Otto richtete sich hoch und sah Gudrun am Ausgang der Schutzhütte stehen.

»Das sind Sterne«, lachte er und bat Gudrun, schnell wieder unter die Decke zu kriechen, sonst würde sie sich tüchtig erkälten.
»Nein, Otto, das sind keine Sterne. Sieh doch mal!«
Otto stand auf. Gudrun wanderte im Schlaf, er wollte sie zurückholen. Nun sah auch er die kleine, schwankende Lichterkette tief unten in der Dunkelheit.
»Das ist in den Canadas, Gudrun. Gewiß überqueren Menschen die Insel in der Nacht, um der Tagesglut zu entgehen.«
Gudrun lag wieder, von Otto sorgsam zugedeckt.
»Pepe sagt immer Signorita zu mir. Hast du das gehört?«
Otto stimmte zu.
»Sag auch mal Signorita zu mir, das klingt so hübsch«, bat Gudrun und richtete sich wieder hoch.
»Signorita, kleine Signorita Gudrun«, sagte Otto gehorsam, um sie zufriedenzustellen.
»Ist Vater nicht hier?«, Gudrun schlug wieder die Decke zurück und versuchte, mit den Augen das Dunkel des Raums zu durchdringen.
»Vater ist doch in Santa Cruz an Bord der »Argos«, erwiderte Otto. »Nun mußt du aber endlich still sein und versuchen zu schlafen«, setzte er streng hinzu.
»Du, mir ist eigentlich ein bißchen komisch, — aber du darfst nicht denken, daß ich seekrank wäre. Ich bin nicht seekrank. Du darfst also niemanden zu Haus erzählen, daß ich seekrank geworden wäre!«
»Nein, nein«, sagte Otto geduldig.
»Wenn man nämlich seekrank ist, Otto, dann ist einem ganz anders. Weißt du, mir dreht sich immer nur die Sonne im Kopf herum.«
»Du bist ein bißchen bergkrank«, beruhigte Otto sie. »Das kommt nur von der dünnen Luft und obendrein von der vielen Sonne«.
»Klopft es bei dir auch so laut im Hals, Otto?«
»Ja, bei mir auch«, gab er zu.
»Otto, wie machte Pepe immer zu meinem Mulo?«
Gudrun versuchte, leise den singenden Ruf des Spaniers nachzuahmen. Das klang wunderschön, am schönsten, wenn man die Töne kaum hörbar sang.
Otto schlief darüber wieder ein.
Plötzlich fuhr Gudrun hoch, und jetzt war sie hellwach. Was hatte

Otto gestern abend gesagt? Sie könnten nicht bis auf die Spitze des Pik steigen, nur weil es ein bißchen windig wäre? Sie müßten am Morgen nach Sonnenaufgang einfach wieder umkehren?

War etwa schon Morgen?

Gudrun huschte zum Eingang. Draußen lag tiefe Nacht, nur die Sterne waren zu sehen, und die Milchstraße legte sich wie ein dichtbesätes Band quer über den Himmel.

Standen die Treiber schon auf?

Aus dem Nebenraum wurde leichtes Schnaufen vernehmbar. Dann war es wieder still, unheimlich still ringsum. Nur Otto atmete hinter ihr tief. Otto schlief fest.

Warum hatte Otto ihr gestern abend nicht erlaubt, mit Pepe bis auf die Spitze zu steigen? Das bißchen Wind hätte nichts ausgemacht. Ihr jedenfalls hätte es nicht das geringste ausgemacht! Aber Otto hatte immer gleich Angst. Er verdarb einem jedes Vergnügen!

Gudrun trat aus der Schutzhütte hinaus und zog den Mantel fest um sich, denn es wehte draußen noch immer. Man hatte nur drinnen nicht viel davon gehört, weil es auf dem Pik keine Bäume gab. Nicht einmal ein Strauch stand am Hang. Überall gab es nur Steine, nur rote und gelbe Lava und Asche dazwischen.

Wenn man ein Weilchen nach oben schaute, konnte man die Bergspitze ahnen. Sie trat schattenhaft gegen den Sternenhimmel heraus und schien gar nicht hoch zu sein. Man würde gewiß in kurzer Zeit oben sein.

Sollte sie Pepe leise wecken? Doch wozu brauchte sie eigentlich einen Führer? Man konnte sich hier nicht verirren. Otto wachte vielleicht nur auf, wenn sie versuchte, sich Pepe verständlich zu machen. Otto erlaubte es bestimmt nicht, denn der Wind war nicht abgeflaut. Er sauste mit harten Stößen über die Schutzhütte dahin. Überdies war es kalt, wenn man untätig draußen herumstand.

Gudrun tappte zu ihrer Lagerstatt zurück, wo ihre Schuhe noch standen. Otto rührte sich nicht. Gudrun schlich leise mit den Schuhen unter dem Arm wieder hinaus. Vielleicht kam die Sonne bald. Bei Sonnenaufgang sollte Pepe sie zum Abstieg wecken.

— * —

Unmittelbar hinter der Schutzhütte ließ sich ein schmaler Pfad erkennen, auf dem die Lava fester getreten schien. Man konnte ihn zwar nur wenige Schritte vor sich erspähen, und viel Halt bot die Lava den Füßen auch nicht. Vielleicht kroch man besser auf Händen und Füßen unmittelbar bergauf. Die Lava war allerdings kantig und scharf. Wenn man fest zupacken mußte, um nicht zurückzurutschen, taten die Hände weh. Gudrun biß die Zähne zusammen und versuchte, nicht darauf zu achten. Sie mußte den Aufstieg schaffen!

Wenn sie mitunter vorsichtig zwischen ihren Füßen abwärts blickte, war unter ihr nichts als Dunkelheit. Selbst das Dach der Schutzhütte war nicht mehr zu sehen. Der Wind schien aus keiner bestimmten Richtung zu kommen. Er wehte von allen Seiten heran und fuhr ihr in den Mantel, als wäre er ihr feindlich gesinnt. Mitunter mußte Gudrun sich tief vor ihm ducken.

Jetzt begegnete Gudrun wieder dem Pfad, der fast waagerecht am Bergkegel entlangführte. Sie versuchte, ihm zu folgen, um ein Weilchen aufgerichtet gehen zu können. Man mußte nur die Füße vorsichtig setzen, damit man nicht ins Gleiten kam. Plötzlich war ihr, als sänke der Boden unter ihr davon. Sie suchte mit beiden Händen am Hang einen Halt, aber auch dort kam gleich die Lava ins Rollen. Unheimlich klang das Rascheln der Lavabrocken, die unter ihr in die dunkle Tiefe rollten. Ihr Herz klopfte laut. Kälteschauer flogen über ihren Körper. Lange Zeit lehnte Gudrun, ohne sich zu rühren, mit geschlossenen Augen am Hang und lauschte dem Rollen der Lava nach. Dann war es wieder still. Sie wagte, einen Blick hinunter zu werfen. Da schien es ihr, als wäre fern und tief der zackige Rand der Canadas zu erkennen. Hinter ihm wurde der Himmel ein wenig licht. Jetzt glaubte sie, in noch viel größerer Ferne auch den Ozean zu erkennen. Aber er schien nicht tief unter ihr zu liegen. Er schien vielmehr bis zu einem blassen Lichtstreif am Horizont emporzusteigen, als führte auch er einen hohen Bergkegel hinauf. Ein Schwindel packte sie. Ihr wurde es plötzlich, als zöge die Tiefe sie mit einer geheimnisvollen Macht hinab. Angstvoll richtete sie sich ein wenig auf. Sie wollte höher, klettern, um dadurch der unheimlichen Lockung aus der Tiefe zu entgehen. Auf den Knieen schob sie sich einige Meter höher hinauf. Da spürte sie plötzlich einen scharfen Geruch in der Nase. Woher kam dieser Schwefelgeruch? Sie wandte den Kopf zur

Seite, aber sie konnte dem Geruch nicht ausweichen. Erschrocken hob sie die Hand hoch, der Lavabrocken, auf den sie sich gestützt hatte, war ja warm! Sollte etwa der Vulkan, der im Innern des Pik verborgen war, plötzlich zum Ausbruch kommen?

Gudrun mußte an die Schilderungen denken, die Otto ihr auf der Fahrt nach Orotava von den Vulkanausbrüchen des Pik gegeben hatte. Wenn der Pik jetzt wieder ausbräche, würde er sie dann nicht sofort mit seinem Feuer überschütten?

Gudrun warf einen angstvollen Blick nach oben. Sie tastete noch einmal nach dem Lavabrocken und fühlte die Wärme wieder, die unter ihm herausdrang. Sie glaubte jetzt auch, durch Mantel und Kleid an ihren Knieen eine unheimliche Wärme zu spüren.

Schnell wieder hinunter, sagte sie sich und drehte sich auf den Knieen um. Eine Bö sauste um den Bergkegel herum. Gudrun hockte nun, den Rücken an die Lava gestützt, und schob ängstlich einen Fuß ein wenig tiefer. Gleich kam die Lava ins Rutschen und Gudrun zog schnell den Fuß wieder hoch. Ihre Kniee begannen zu zittern. War das etwa Angst? Sie wollte keine Angst haben und spürte doch, wie sie von ihrem ganzen Körper Besitz nahm.

Nur schnell hinunter, befahl sie sich noch einmal und konnte doch kein Glied rühren. Sie fühlte sich wie erstarrt. In der beginnenden Morgendämmerung erkannte sie deutlicher, wie steil der Bergkegel unter ihr abfiel. Wenn sie sich jetzt aufrichten würde, würde sie vielleicht haltlos in die Tiefe gleiten.

Unbewußt formten sich ihre Lippen zu einem Hilferuf, preßten sich aber gleich hart aufeinander. Sie hatte »Vater!« rufen wollen, aber Vater war ja nicht da. Vater war nicht einmal in ihrer Nähe! Kein Mensch war da, nicht einmal Otto. Otto lag tief unten in der Schutzhütte und schlief. Niemals würde er ihren Hilferuf hören!

Gudrun war ganz allein auf der weiten Welt, und die weite Welt war grau und voll Gefahr. Über ihr stand der Vulkan, der jeden Augenblick ausbrechen konnte. Unaufhaltsam würde er glühende Lava und Schwefel aus der Krateröffnung emporschleudern und in einem breiten, reißenden Strom über den Hang ergießen. Alles würde unter ihm begraben sein. Otto hatte ihr einen erkalteten Lavastrom gezeigt, unter dem eine ganze Ortschaft liegen sollte.

»Vater!« rief Gudrun plötzlich laut. Noch einmal rief Gudrun aus aller Kraft »Vater! Vater!« Ihr Herz war überall. Im ganzen Körper klopfte das Herz.

Als Gudrun sich wieder ein bißchen gesammelt hatte, war die Welt verändert. Ein fahles Licht breitete sich über die Erde aus, und der Himmel hob sich sichtbar vom fernen Ozean ab. Etwas Dunkles bewegte sich in der Tiefe. Es sah aus wie der Rücken eines großen Tiers. Gab es etwa wilde Tiere hier oben am Pik? Jetzt war das Tier verschwunden. Gudrun richtete sich ein wenig auf. Da kam es erneut zum Vorschein und bewegte sich langsam tastend aufwärts. Nun richtete es sich hoch. Es war ein Mensch, es war Otto!

Jetzt hatte auch er sie entdeckt, hob den Arm, winkte, und rief. Seine Stimme hallte lange nach, aber die Worte konnte Gudrun nicht verstehen. Gudrun wollte antworten, aber es dauerte verwunderlicherweise eine ganze Weile, ehe sie einen Ton herausbringen konnte. Die Kehle war zuerst wie zugeschnürt.

Nun war Otto schon ein ganzes Stück näher gekommen. Er ging fast immer aufgerichtet, lehnte sich nur manchmal stützende an den Hang. Er schaute auch nicht mehr zu ihr empor, sondern achtete auf jeden Schritt. Jetzt hörte Gudrun sogar schon, wie hart und schnell sein Atem ging, aber noch immer schaute er nicht zu ihr hinauf.

Goldenes Licht breitete sich, als würde es in vollem Strom aus einem Gefäß ausgegossen, über die ganze Welt aus. Der Ozean in der Ferne war in rote Glut getaucht, der Himmel darüber brannte. Die schwarzen Bergspitzen der Canadas begannen zu glänzen, das Sonnenlicht flutete über das rotbraune Lavageröll. Ehe Otto die letzten Schritte aufwärts machte, bückte er sich plötzlich und steckte schnell etwas in seine Tasche. Dann stand er vor Gudrun und atmete tief auf:

»Gott sei Dank! — Soll ich dich auf die Schulter nehmen oder kannst du allein wieder hinunterkommen!«

Gudrun nickte energisch. Sie wollte allein gehen.

»Dann komm«, sagte Otto kurz. »Ich gehe am besten voraus, falls dir schwindlig werden sollte.«

Otto hatte kein bißchen unfreundlich gesprochen, und ohne ein Wort des Vorwurfs schritt er langsam vor ihr den Serpentinenpfad bergab, drehte sich ab und zu um, ob Gudrun auch folgen konnte, blieb mal

für einen Augenblick stehen, damit der Abstand zwischen ihnen nicht größer wurde, und sagte nur einmal, ohne zurückzuschauen:
»Wenn du ausruhen möchtest, sage es mir.«
Otto ging, wie von der Sonne umflossen, vor ihr her. Der Wind wehte sein Haar hoch, und seine Kniee federten bei jedem Schritt. Gudrun versuchte, in gleicher Weise wie er zu gehen, und merkte, wieviel leichter der Abstieg wurde. Vielleicht lag es auch an dem jungen Tageslicht und an der Wärme, die die Sonne mit sich führte, daß es nicht mehr so beklemmend war, in die Tiefe zu blicken.

Otto blieb einen Augenblick stehen und schaute sich nach allen Seiten um. Die ganze wundersame Bergwelt rund um den Pik war in das goldene Morgenlicht getaucht. Weit in der Ferne glänzte und schimmerte der Ozean. Wie wunderschön war plötzlich die ganze Welt! Grauen und Angst waren wie ausgelöscht. Nur im Herzen wohnten sie immer noch. Und auf dem Herzen lag etwas Hartes wie ein schwerer Stein. Gudrun atmete mehrere Male ganz tief, aber der Stein auf dem Herzen rührte sich nicht.

»Gleich sind wir da! — Sieh mal, Gudrun, Pepe macht schon Tee. Das wird dir gut tun«, sagte Otto und zeigte auf den feinen Rauch, der zum Dach der Schutzhütte kroch und dort sofort vom Winde ergriffen und zerteilt wurde.

Wie gut tat der heiße Tee, mit dem Pepe sogleich ankam, als sie das Plateau erreicht hatten. Es störte kein bißchen, daß Pepe den Tee aus einer alten Konservendose in die Becher einschenkte. Pepe hatte auch schon Maiskuchen und Käse auf der Geschirrkiste aufgebaut.

Während Gudrun trank und aß und dabei wieder langsam zu sich kam, warf sie ab und zu einen Blick zu Otto hinüber, der am Fußende seiner Matratze saß. Otto schien nichts davon zu bemerken, er sprach mit den Treibern, die vor dem Eingang die Maultiere zäumten. Dann half Otto, die Decken einzurollen und die Hütte wieder in den Stand der Ordnung zu versetzen, in dem sie sie vorgefunden hatten.

Obwohl keine unnötige Zeit verloren worden war, stand die Sonne schon hoch, als die kleine Gesellschaft die Canadas wieder erreichte. Es war, als eilte die Sonne möglichst schnell zu ihrer Höhe, um dort recht lange verweilen zu können.

Das steilste Stück unterhalb der Schutzhütte waren sie hinter den Mulos her zu Fuß bergab gestiegen, um die Tiere zu schonen. Als Pepe Gudrun dann auf ihr Maultier half, atmete Gudrun erleichtert auf, denn ihre Glieder waren schwer wie Blei, und auch der Stein auf dem Herzen war noch kein bißchen leichter geworden. Er drückte sogar mehr und mehr, weil Otto noch immer kein Wort über ihren Versuch verloren hatte, heimlich den Pik allein zu besteigen.

Gudrun mußte plötzlich an ein Erlebnis aus ihrer ersten Schulzeit denken, als Vater monatelang zu Hause gewesen war, um sich von einer Lungenentzündung zu erholen. Vater hatte ihr eindringlich verboten, am Strande auf die Buhnen zu klettern. Sie hatte es dennoch getan und war ins Wasser gefallen. Als sie nach Hause kam, sah Vater sofort an ihren triefendnassen Kleidern, was geschehen war, verlor aber darüber kein Wort. Das war Gudrun so schrecklich gewesen, daß sie ihm in ihrem nassen Zeug um den Hals fiel und flehentlich bat: »Schilt mich doch! — Vater, schlag mich doch! Siehst du nicht, daß ich auf den Buhnen war?« da hatte Vater ihr schnell einen tüchtigen Klaps gegeben und gleich war alles wieder gut gewesen. Konnte sie nun Otto darum bitten, mit ihr zu schelten, oder gar, sie zu schlagen?

Otto schien nicht einmal böse auf sie zu sein, er war vielmehr besorgt. Als sie ein Weilchen durch die Canadas geritten waren, fragte er plötzlich, ob nicht schon am Vormittag eine kleine Rast im Schatten der Retama gut tun würde. Gudrun schüttelte energisch den Kopf und richtete sich im Sattel wieder auf. Otto sollte nicht merken, wie müde sie war und daß der Rücken schmerzte. Auch die Füße taten vom Druck der Steigbügel weh.

War es heute noch heißer als am Tage vorher? Es war vielleicht mehr der schwere Stein auf dem Herzen, der die Luft drückender machte und den Ritt beschwerlicher.

Hätte Gudrun sich mit Pepe, der getreulich neben ihr ging, etwas erzählen können, wäre es leichter gewesen. Das Schweigen, mit dem die kleine Karawane auf der heißen, hellen, blendenden Lava unter der sengenden Sonne einherzog, wurde immer schwerer zu ertragen. Gudrun kam von ihren Gedanken nicht los. Immer wieder sah sie sich am Hang des Tino sitzen und fühlte wieder die Angst. Wäre sie abgestürzt! Hätte der Pik einen neuen Ausbruch gehabt und sie unter der glühenden Lava begraben — sie hätte Vater nie wiedergesehen!

Gudrun blickte an Otto vorbei zum Pik zurück. Er stand dort im vollen Sonnenlicht und war wieder so durchscheinend wie gestern. Die großen Felsblöcke zu seinen Füßen schrumpften schon ein. Blickte man über den hellen Kessel mit dem feinkörnigen Lavaboden und den duftenden Retamasträuchern, schien es, als käme man überhaupt nicht weiter, obwohl die Maultiere mit leise nickenden Köpfen unermüdlich Fuß vor Fuß setzten. Doch schaute man nach einer Weile wieder zurück waren die Felsbrocken jedesmal kleiner geworden und der Pik richtete sich höher über ihnen auf.

Es war spät am Nachmittag, als sie noch einmal am Rande der Canadas Rast machten. Gudrun war die letzten Stunden mit zusammengebissenen Zähnen geritten, die von dem Sonnenlicht schmerzenden Augen halb geschlossen, ganz auf Pepe vertrauend, der seine Hand nicht von ihrem Zügel ließ und das Maultier immer wieder mit seinem melodischen Zuruf anspornte. Gudrun fühlte plötzlich Pepes Arm, der sie aus dem Sattel hob und seine Signorita lächelnd im Schatten der Retama zu Boden setzte.

»Mir tun nämlich alle Knochen im Leibe weh«, sagte Otto und tat, als würde seinetwegen die Rast gemacht. »Es ist keine Kleinigkeit, viele Stunden im Sattel zu sitzen, wenn man das nicht gewöhnt ist. Und daß es in den Canadas ein bißchen warm war, läßt sich kaum abstreiten. Zum Abstieg kommen wir noch, wie Pepe sagt, in die Dunkelheit hinein. Er meint, es mache keinen Unterschied, ob das nun ein oder zwei Stunden früher geschieht.« Otto streckte sich lachend aus. »Solch ein Pikritt ist immer wieder das reinste Abenteuer.«

Die Nacht war schon eingefallen, als der Zug das Felsengebirge der Canadas hinter sich ließ. Von oben hatte man noch einen Blick in das Tal tun können, das sich unterhalb des Waldgürtels bis zum Ozean ausdehnte. Hier und da waren zwischen den Plantagen noch Häuser zu erkennen gewesen. Nur in der tiefen Schlucht eines breiten, ausgetrockneten Barancos[18] hatte das Dunkel schon gelegen. Ein Weilchen noch konnte man neben dem Kopf des Mulos den Pfad erkennen, der stufenförmig in den wunderlichsten Windungen zwischen den Felsen hindurch, an spitzen Steinblöcken vorbei, neben Geröllhalden und manchmal in einer engen Spalte abwärts führte. Dann schluckte auch ihn die schnell einfallende Dunkelheit auf.

---

[18] Spanisches Wort für Schlucht, von dem viele Ortsnamen im spanischen Sprachraum abgeleitet sind.

Das Maultier setzte vorsichtig und bedächtig Huf für Huf vor sich hinab. Der Reiter mußte die ruckartigen Bewegungen mitmachen, mit denen das Tier das Gewicht seines Körpers auf die Vorderbeine verlagerte, um jeweils mit kurzem Entschluß die Hinterbeine nachzuziehen. Mitunter neigten sich Kopf und Hals des Tieres so tief bergab, daß der Reiter aufrecht in den Steigbügeln stehen mußte, um nicht vornüber zu fallen.

Mit Macht setzte die Dunkelheit ein. Es währte nur eine kurze Spanne Zeit, schon war von dem tief unten liegenden Tal, dem knorrigen Piniengürtel darüber, vom Strauchwerk am Wege und von dem Pfad selbst nichts mehr zu sehen. Noch schimmerte in weiter, weiter Ferne der Ozean, als hielte er für einen Augenblick das Tageslicht fest. Dann war nur Nacht rundum, dunkle undurchdringliche Nacht, die voll von blitzenden Sternen stand. Man hörte nur das heiße Atmen der Maultiere, das Scharren und Tasten ihrer Vorderhufe, das dumpfe Aufschlagen der nachgezogenen Hinterhufe. Pepe und die Treiber feuerten die Tiere nicht mehr an. Sie wechselten auch untereinander kein Wort mehr, als wollten sie die Tiere in ihrem angespannten Suchen nach dem nächsten Halt für ihre Füße nicht stören. Wie ein Schatten war Pepe noch ein Weilchen neben Gudrun einhergegangen. Dann blieb er hinter ihr und faßte ihr Mulo am Schwanz, um sich wie ein Blinder von ihm durch die Nacht lotsen zu lassen.

Wie fanden die Maultiere nur den Weg? Manchmal blieben sie für einen Augenblick stehen, als müßten sie sich besinnen oder als wollten sie neuen Mut schöpfen. Dann tastete wieder ein Huf behutsam in die Tiefe, entdeckte schließlich eine Stelle, auf der er Halt finden konnte, der nächste Huf wurde daneben gesetzt, und wie auf einer abschüssigen Bahn mußte der Reiter sein Kreuz durchbiegen, um das Gleichgewicht zu behalten. Gleich darauf hatte das Maultier den Entschluß gefaßt, mit einem Ruck den Körper nachzuziehen, und wieder begann es, nach einem neuen Platz für den nächsten Schritt zu suchen.

»Bist du noch da, Otto?« fragte Gudrun. Ihr war plötzlich, als wäre sie ganz allein.

»Gewiß, paß nur gut auf! Immer fest in den Steigbügeln stehen«, sagte er. »So kitzlig hatte ich die Sache von meinem ersten Pikritt her nicht mehr in Erinnerung. Wir waren wohl auch früher auf den Heimweg gekommen.«

»Ist das meine Schuld?« fragte Gudrun. Ihre Stimme zitterte ein wenig. Otto gab keine Antwort. Erst nach einer Weile sagte er begütigend: »Allzuviel hat es gewiß nicht ausgemacht.« Dann fuhr er leise mahnend fort: »Du darfst aber nicht müde werden, mußt immer schön aufpassen und den Bewegungen des Maultiers genau folgen. Das ist keine Schulmeisterei von mir«, setzte er gleich hinterher wie entschuldigend dazu.

»Ich passe gut auf«, rief Gudrun zurück. »Du brauchst keine Angst um mich zu haben.«

»Ein Glück, daß dein Vater dich hier nicht sieht. Ihm würde das Herz vielleicht doch ein bißchen lauter schlagen, und sollte es das erste Mal in seinem Leben sein!«

Das Maultier stolperte. Gudrun packte erschrocken in die Mähne. Sie fühlte, wie feucht das Fell des Tieres war. Schon hatte das Maultier sich wieder aufgefangen und tastete nach dem nächsten Platz für seine Hufe.

»Otto, bist du mir denn gar nicht böse?« fragte Gudrun so leise, als hätte sie Angst, Pepe hinter ihr könnte ihre Worte verstehen.

»Nein, kleine Signorita«, hörte sie Ottos Stimme durch die Dunkelheit.

»Du müßtest mir doch böse sein«, sagte Gudrun.

»Nein, du tatest mir nur leid«, antwortete er. »Du hast dich geängstigt. Gewiß viel mehr geängstigt als ich, nachdem ich bemerkt hatte, daß du nicht mehr in der Hütte warst, und der Gedanke über mich kam, du hättest dich allein nach oben aufgemacht.«

»Ich wollte so gern bis zum Krater«, gestand Gudrun kleinlaut.

»Ich weiß, das sagte ich mir auch gleich.«

»Mir wurde dann so Angst, Otto, es war so unheimlich. Mir war plötzlich, als sollte ich mit aller Macht in die Tiefe gezogen werden. Am liebsten hätte ich geheult«, sagte sie ehrlich. »Ich habe auch um Hilfe gerufen, obwohl es sinnlos war.«

»Nach mir?« fragte Otto.

»Nein, nach Vater. Das war dumm, aber ich war so verzweifelt. Du kannst dir nicht vorstellen, wie mich die Angst überkam. Ich konnte auch nichts Vernünftiges mehr denken, sonst hätte ich doch nicht nach Vater gerufen.«

»Du sahst auch so jammerbar aus, als wäre dir etwas sehr Böses zugestoßen. Ich war nur herzensfroh, daß du noch heil warst.«

»Ich hatte Angst, der Vulkan würde ausbrechen«, gestand Gudrun.

Da lachte Otto ein bißchen: »Ich glaube, das würde man eine ganze Weile vorher merken.«

»Und du hast bisher noch mit keinem Wort mit mir gescholten, Otto. Du müßtest doch — «

»Ein Licht! Ich sehe ein Licht!« rief Otto dazwischen. Und richtig, in der Dunkelheit war nicht nur ein Licht, nein, drei, vier Lichter waren als winzige Pünktchen tief unten in der Nacht zu sehen.

»Jetzt sind wir über das Schlimmste hinweg, Gudrun. Der Weg scheint mir auch nicht mehr ganz so steil. Kannst du noch, Gudrun?«

»Ich kann noch, Otto.«

»Du bist tapfer, das muß man dir lassen. Eine tapfere, kleine Signorita«, sagte Otto. Dann sprach er mit Pepe, und Pepe lachte, als wäre auch er der gleichen Meinung.

Es gab keine schroffen Felsenstufen mehr. Bei jedem Tritt der Maultiere war zu spüren, daß der Weg nicht nur glatter, sondern auch weicher geworden war. Manchmal führte er über eine ebene Stelle, und dann folgte eine kurze, ruckartige Wendung des Tiers. Sie waren also bei den Serpentinen angekommen.

Immer heller leuchtende Lichtpünktchen wachten in der undurchdringlichen Dunkelheit auf. Es waren die Lichter von Orotava, von der Villa, und tiefer darunter von Puerto, dem Hafenplatz. Es sah aus, als hätte man einen Sternenhimmel über sich und ritte in einen zweiten zu seinen Füßen hinein.

»Ich will auch nie wieder so etwas tun, Otto. Es war sehr Unrecht von mir«, sagte Gudrun plötzlich und fühlte, wie mit ihren Worten der schwere Stein aus ihrem Herzen endlich ein wenig angehoben wurde. »Ich will auch anders werden, ganz bestimmt, Otto«, sagte sie nach einer Weile, weil aus dem Dunkel keine Antwort zu ihr gekommen war.

Otto sagte nur: »Das behalten wir am besten beide unter uns, wie es sich für gute Kameraden gehört.«

Vor dem Gasthof in der Villa de Orotava mußte Pepe Gudrun nicht nur von ihrem Maultier heben, er mußte sie fest im Arm halten, denn sie schien nicht einen Schritt gehen zu können, so weh waren die Füße vom harten Druck der Steigbügel, so steif war auch der Rücken.

»Wir müssen unsere Signorita wohl gleich bis ins Bett tragen«, lachte Otto, da trat Vater aus dem Gasthaus heraus! Vater war mit einem

Wagen nach Orotava gefahren und hatte hier ihre Rückkehr erwartet.
Und Vater trug Gudrun in den Wagen hinein, wie ein kleines Kind.
Sie lag auf seinem Schoß, während der Wagen im Dunkeln durch das
Tal von Takoronte über St. Christobal de Laguna nach Santa Cruz fuhr
und am Kai Halt machte, wo die »Argos« lag. So sicher und geborgen
hatte Gudrun sich noch nie in ihrem Leben gefühlt.

Angeheuert

Als Gudrun am Morgen aufwachte, konnte sie sich nicht mehr daran erinnern, wie sie an Bord der »Argos« gekommen war. Aber sie befand sich jedenfalls in ihrer Koje, und die Sonne schien lockend durch das runde Bullauge in ihre Kabine hinein. Draußen waren die lauten Rufe der spanischen Schauerleute zu hören.

Gudrun wollte aus dem Bett springen, aber Rücken und Beine gehorchten nicht. Sie hatte einen so heftigen Muskelkater, wie noch nie in ihrem Leben, und als sie die Beine endlich über den Kojenrand gesetzt hatte, konnte sie ein leises Stöhnen nicht unterdrücken. Doch gegen Muskelkater gab es nur eine, nie versagende Medizin: nicht nachzugeben, sondern sich möglichst viel zu bewegen.

So humpelte Gudrun zu ihrem Bullauge, um einen Blick hinauszuwerfen. Der ganze Kai lag voll hoher, rechteckiger Lattenverschläge, die in vielen Lagen übereinander getürmt waren. Darin waren also die Bananen verpackt, die die »Argos« nach Antwerpen und Bremen bringen sollte.

Als Gudrun ihren Waschtisch herunterklappte und in den Spiegel sah, erschrak sie, denn sie sah aus wie ein gekochter Krebs. Das Gesicht war geschwollen und die Haut hart gespannt. Trotz des Leinenhutes, den sie auf dem ganzen Ritt getragen hatte, war die Sonne tief in die Haut eingedrungen und hatte sie dunkel gefärbt.

Im Gang zum Deck duftete es köstlich nach Bananen. Eine ganze Dolde gelber, reifer Früchte stand dort in eine Ecke gelehnt. Gudrun konnte sich nicht versagen, aus der Fülle eine Banane abzubrechen und sofort zu verspeisen.

Das ganze Vorschiff lag schon voll von den Lattenverschlägen, in denen die Bananentrauben, in Stroh verpackt, steckten. Beide Ladeluken standen auf und an beiden Masten wurden die Kisten hineingehievt. Gudrun lief auf die Brücke, die verlassen war. Von hier oben konnte man gut in den vorderen Laderaum hineinblicken. Er war nicht bis an den Rand gefüllt; die Verschläge standen vielmehr in hohen Reihen übereinander, und breite Gänge, die wie Schluchten aussahen, waren dazwischen ausgespart. Weitere Kisten wurden gerade auf dem Vorschiff an Deck aufgestapelt und festgezurrt.

Welch ein bewegtes Leben herrschte auf dem Kai! Eseltreiber standen mit ihren Tieren herum, um dem Laden zuzuschauen. Spanier in weißen Anzügen gestikulierten heftig mit den Schauerleuten. Alles war voll spielender und lachender Kinder. Und die »Argos« lag trotz ihrer vielen Last noch immer so hoch, daß man nur vom zweiten Deck aus über das Fallreep den Kai erreichen konnte. Es sah aus, als wäre die »Argos« noch leer und ganz leicht.

Prächtig nahm sich von der Brücke Santa Cruz aus. Hell schien die Sonne über den Markt in die aufwärtssteigenden Gassen hinein. Auf der Marina[19] spazierten Herren mit Tropenhelm und Damen mit bunten Schirmen. Die hohen Palmen warfen phantastische Schattenbilder auf die helle, breite Uferstraße. Fischerboote mit roten Segeln lagen auf dem kurzen Stück Strand, und das hohe, zerklüftete Anaga-Gebirge, das bis in den Ozean führte, glänzte in der Sonne wie Steinkohle und war in seinen vielen, tiefen Klüften und Falten pechschwarz. Über allem

---

[19] Als Marina werden die Anlegestellen, Liegeplätze und Einrichtungen eines gewerblich betriebenen Hafens bezeichnet.

stieg der Pik an, von der Passatwolke bis auf seine oberste Spitze wie mit einem Schleier umkleidet.

Gudrun blickte hinauf und dachte an den vergangenen Tag. Sie fühlte in sich hinein, ob von dem Stein, der auf ihrem Herzen gelegen hatte, noch etwas zu spüren war. Er war von ihr genommen, aber sie fühlte deutlich die Stelle, auf der er gelegen hatte, und war sich bewußt, daß sie diese Stelle noch lange spüren würde, vielleicht ihr ganzes Leben lang. Wie tief war das Erschrecken gewesen, die namenlose Angst und Verlassenheit! Wie groß die Gefahr, in die sie sich leichtfertig begeben hatte, ohne an Vater zu denken oder an Otto, der die Verantwortung für sie bereitwillig von Vater übernommen hatte! Während sie hier allein auf der Brücke stand, wurde ihr bewußt, daß dieses Erlebnis einen Einschnitt in ihrem Leben bedeuten mußte. Sie durfte es gar nicht wieder vergessen, sie mußte es fest in sich bewahren, auch wenn sie mit keinem Menschen darüber sprach, weil es nach Ottos Willen allein zwischen ihnen beiden bleiben sollte. Nie wieder durfte sie sich so unbesonnen gehen lassen! Nie wieder durfte sie unzuverlässig sein! War es nicht fast das Schlimmste, wenn man sich auf einen Menschen nicht unbedingt verlassen konnte?

Gudrun schaute in das Kartenhaus. Es war keiner darin. Sie schaute in das Fenster der Messe hinein. Dort sah sie Otto und Niejahr mit zwei fremden Herren am Tisch sitzen. Sie hatten Listen vor sich und waren eifrig am Rechnen. Gudrun ging weiter zur Pantry, auch sie war verlassen. Aus der Kombüse hörte sie den kleinen Hans mit dem Schiffskoch Tüdel reden. Aber in der Kombüse war Vater bestimmt nicht.

Gudrun ging wieder nach vorne und klopfte leise an Vaters Kabine. Niemand antwortete. Sie suchte das ganze Schiff ab und stieg schließlich über das Fallreep auf den Kai. Soeben rollte ein großer grauer Lastwagen, in eine Staubwolke gehüllt auf den Hafen zu. Auch er war über und über mit Bananenkisten beladen. Immer mehr Menschen hatten sich auf dem Kai versammelt, aber Vater war nicht unter ihnen.

Endlich kamen die fremden Herren mit ihren Aktenmappen das Fallreep hinunter. Gudrun wollte schnell auf die »Argos« zurücklaufen, um Otto oder Niejahr nach Vater zu fragen, da lief Vater den Kai entlang. Er wischte sich den Schweiß von der Stirn, hatte seine weiße Leinenjacke mit den goldenen Knöpfen geöffnet und schien erhitzt und abgehetzt zu sein. Niejahr stieg über das Fallreep und ging Vater gleich entgegen.

»Kein Ersatz aufzutreiben«, rief Vater ihm zu.

»Dann müssen wir uns ohne Steward behelfen«, antwortete Niejahr. »Wie geht es ihm denn?«

»Die Operation ist eben gemacht. Blinddarm, wie der Arzt gleich meinte«, antwortete Vater, »Ich war im Krankenhaus. Alles ist soweit glatt gegangen. Ich war auch noch einmal auf dem Konsulat und auf der Agentur, aber ohne Erfolg.«

Jetzt erst fand Vater Zeit, Gudrun Guten Tag zu sagen und zu fragen, was ihre Knochen nach den beiden letzten, anstrengenden Tagen machten. Aber Gudrun fiel ihm gleich ins Wort und fragte, ob es Jakob sei, der krank sei und operiert worden war.

»ja, deine Jakobine«, sagte Vater. »In der Nacht bekam er plötzlich heftige Schmerzen, so daß ich den spanischen Arzt aus Santa Cruz holen ließ. Der schaffte ihn sofort ins Krankenhaus.«

»Warum hast du mich nicht geweckt, Vater?«

Da lachte Vater: »Was solltest du dabei machen, Kind? Ich glaube auch kaum, daß ich dich wach bekommen hätte. Jakob läßt dich übrigens grüßen. Er dachte sogar noch an dich, als sie ihn von Bord holten. Der Rassimo, der im Gang steht, sei für dich bestimmt, sagte er.«

»Wir bleiben doch hier, Vater, bis Jakob wieder gesund ist. Wir können ihn doch nicht einfach allein hier zurücklassen?«

»Wenn wir darauf warten wollten, würden unsere Bananen schon im Hafen reif! Das geht nicht. Sobald Jakob aus dem Krankenhaus entlassen wird, kehrt er mit einem anderen Bananendampfer unserer Linie wieder nach Deutschland zurück.«

Vater war schon voran auf das Fallreep gestiegen, wo Otto ihn mit der Meldung erwartete, daß um drei Uhr alles klar sei.

»Dann gehen wir über Mittag in die Stadt«, sagte Vater und trat mit seinem Ersten und Zweiten in seine Kabine.

— * —

Noch einmal saßen Vater und Gudrun in der Gaditana an dem gleichen Tisch mit dem Blick auf den Patio. Die freien Stühle waren mit Paketen belegt. Kaum hatte Gudrun den letzten Löffel der dicken spanischen Gemüsesuppe mit süßen Kartoffeln darin verspeist, machte sie sich daran, alle Einkäufe auszupacken, um sie noch einmal zu betrachten und zu bewundern.

Die Zeit bis zur Ausfahrt war knapp geworden. So hatte Vater mit ihr vor dem Essen nur noch in den schönen Laden am Markt gehen können. Dort aber hatten sie sich in aller Ruhe umgesehen und unter vielen Erwägungen und Beratungen die Auswahl getroffen. Der Besitzer des Ladens war ein echter Inder, er trug ein buntes Seidentuch rund um den Kopf geschlungen und hatte eine kaffeebraune Haut. Er sprach nur Englisch mit Vater, und beide verständigten sich auf das erste Wort. Doch als Gudrun ihrerseits versuchte, ihr Schulenglisch anzubringen, hatte der Inder nur lächelnd seine großen weißen Zähne gezeigt und sich wieder Vater zugewandt.

Englisch war freilich immer Gudruns schwache Seite gewesen, jetzt hatte sie sich darüber geärgert, denn wie hübsch wäre es gewesen, wenn sie flott und mühelos wie Vater mit einem echten Inder hätte sprechen können. Nun wollte sie ganz anders aufmerksam und eifrig in den englischen Stunden sein, vielleicht nahm Vater sie später wieder einmal mit, und dann mußte sie nicht wie ein dummes kleines Kind, das noch nicht sprechen kann, stumm neben Vater stehen.

Das Schönste von allen Einkäufen war eine kleine, himmelblaue Schale mit weißen Vögeln darauf, Emaille in Kupferstäbchen eingelegt, das Vater Cloissonne nannte. Die Schale sollte Hannelore haben. Oder war nicht das feine, geflochtene Körbchen noch schöner, das für Grete bestimmt war? Es war so weich, daß man es mit der Hand zusammendrücken konnte, ohne daß das Geflecht zerbrach oder auch nur einen Knick bekam. Und Vater hatte obendrein für alle drei große spanische Hüte gekauft, mit denen sollten sie dann im Sommer Arm in Arm im Dorf spazieren gehen und sich bewundern lassen!

Am schwersten war die Wahl für Mutter gewesen, denn der Inder hatte in der Tiefe seines Ladens noch viel, viel schönere Decken als in der Auslage. Manche waren über und über bis zur Mitte bestickt, und die Stikkerei war aus einem spinnwebfeinen Durchbruch gemacht. Das zarte Leinen der Decken glänzte überdies wie Seide. Weil Gudrun sich gar nicht entschließen konnte, hatte Vater die allerschönste Decke herausgesucht, obwohl sie sehr viel Geld kostete.

»Hast du dieses kleine Päckchen schon gesehen?« fragte Vater und schmunzelte wie Großvater, wenn er sich im stillen freute.

Richtig, es lag ein Päckchen in Seidenpapier auf dem Stuhl, das Gudrun noch nicht gesehen hatte. Es lag dort, als wäre es vom Himmel gefallen. »Pack mal aus«, ermunterte Vater. »Das ist für dich, zum Andenken an unsere erste, gemeinsame Seereise.«

Aus dem Seidenpapier kam ein kleiner schwarzer, viereckiger Kasten heraus, der ganz leicht war. Er war eigentlich nicht schwarz, sondern über und über mit feinstem Gold bestäubt, und auf diesem schimmernden Goldgrund war eine Landschaft in erhabenem Gold, das in den feinsten matten Farben abgetönt war, rötlich und grünlich und silbern schimmerte das Gold. Eine hohe, geschwungene Brücke führte über einen silbrigen Strom, an dessen Rand ein wunderliches Haus mit mehreren Dächern übereinander stand, und über der Landschaft erhob sich ein hoher Berg, um den eine Wolke einen hauchdünnen Schleier legte, so daß seine Spitze wie am Himmel zu schweben schien.

»Ist das der Pik?« fragte Gudrun und hielt das wunderfeine Kästchen achtsam mit den Fingerspitzen fest.

»Nein, das ist der Futschijama. Das ist nämlich japanische Lackarbeit, Gudrun«, sagte Vater. »Aber ich fand, daß der Berg doch ein bißchen an den Pik erinnerte, darum habe ich den Kasten für dich mitgenommen.«

»Ich soll ihn wirklich haben?« Gudrun sprang vor Freude hoch.

»Ja, du sollst ihn haben«, schmunzelte Vater wieder. »Du stellst ihn in deinem Zimmer auf die Kommode und kannst dich jeden Tag an ihm freuen und an deinen großen Pikritt denken.«

Gudrun betrachtete wieder das goldschimmernde Kästchen. Es war nicht der berühmte japanische Berg mit dem merkwürdigen Namen, es war der Pik! Für sie jedenfalls war es der Pik!

»Du hast mir eigentlich noch gar nicht viel von eurem Piktritt erzählt, Gudrun«, sagte Vater. »War es so schön, wie du es dir gedacht hattest, oder wärst du doch lieber bei mir in Santa Cruz geblieben?«

Gudrun schüttelte nachdenklich den Kopf. Vater sah, wie ihre Gedanken arbeiteten und wunderte sich ein wenig darüber, aber er spürte, daß irgendetwas war, was Gudrun zu schaffen machte.

»Wir sind ja bisher auch noch nicht zur Ruhe gekommen«, sagte Vater nach einer Pause. »Es ist alles anders geworden. Ich hatte mich darauf gefreut, mit dir im Wagen noch eine schöne Fahrt an der Südküste bis nach Guimar zu machen, um dir auch noch etwas von Teneriffa zeigen zu können. Aber ich habe wegen Jakob den ganzen Vormittag laufen müssen. Ich wollte versuchen, einen Ersatz für ihn zu bekommen. Er wird uns auf der Rückfahrt recht fehlen.«

»Vater ——« Gudrun setzte den kostbaren Lackkasten behutsam wieder auf das Seidenpapier, »Vater«, fing sie mit einem neuen Entschluß an, »könnte ich nicht auf der Rückfahrt Jakobs Stelle einnehmen?«

Sie wagte Vater dabei nicht anzusehen, gewiß lachte er nur und meinte, daß sie nicht zu gebrauchen sei.

»Ich habe den ganzen Vormittag daran gedacht und wollte dich gleich darum bitten, als wir von Bord gingen. Aber ich wußte nicht recht, wie ich anfangen sollte, und da waren wir auch schon vor dem Laden. Vater, kann ich nicht die Arbeit von Jakob auf der »Argos« machen? Traust du mir das nicht zu, Vater?«

Gudruns Stimme bat, auch die Augen, mit denen sie Vater jetzt anzuschauen wagte, waren eine einzige Bitte. Nun lachte Vater ein wenig. Er lachte sie zwar nicht aus, aber er zeigte ein nachgiebiges Lächeln, das Gudrun nicht zufriedenstellte.

»Nicht nur ein bißchen zum Spaß, Vater« ereiferte sie sich und trat dichter an Vater heran, denn ihr war, als müßte sie mit Vater ringen, damit er sie so ernst nahm, wie es ihr ums Herz war. »Im Ernst, Vater«, fuhr sie eindringlich fort. »Ich will an Bord alles genau so tun, wie Jakob. Ich kann das auch, wenn ich mir nur immer Mühe gebe. Du weißt doch, daß ich zu Hause auch manchmal aufwischen muß und allein die Küche fertig machen.«

Jetzt lächelte Vater wieder, und Gudrun wurde ein bißchen verwirrt. Aber sie wollte sich nicht verwirren lassen. Vater sollte nicht daran erinnern, wie brummig sie immer gleich geworden war, wenn Mutter sie zu häuslichen Arbeiten heranziehen wollte. Darum sagte sie schnell:

»Ich habe so etwas auch nie gern gemocht. Aber wenn es getan werden muß —— dann mache ich es bestimmt gern, Vater. Glaubst du mir nicht?«

»Doch«, sagte Vater und sah ernst aus. »Alles, was man aus freien Stücken in die Hand nimmt, macht man gern, das versteht sich.«

»Siehst du, ich bringe euch immer das Essen in die Messe, ich decke natürlich vorher auch so fein auf, wie es Jakob immer tat. Ich habe es oft genug gesehen. Deinen Kaffee bekommst du auch morgens ebenso pünktlich auf die Brücke, wie bisher, Vater.«

»Dann mußt du in aller Frühe auch die Messe saubermachen, Gudrun«, sagte Vater.

»Gewiß! Ich stehe ganz früh auf! —— Vater, darf ich nicht ——« Gudrun setzte sich wieder auf ihren Stuhl, um Vater besser in die Augen sehen zu können. »Es ist nämlich so, Vater —— aber ich kann dir das nicht recht sagen —— aber ich will alles ordentlich machen und nicht bloß rumfuchsen, wie Mutter immer schillt. Genau so wie Jakob, Vater, will ich alles machen. Du sagst ja selbst oft, man kann, was man will. Du m u ß t es mir erlauben, denn dann erst wird nämlich alles wieder gut!«

Vater fragte nicht, was alles wieder gut werden mußte. Er fühlte, daß Gudrun nicht danach gefragt werden wollte. Er fühlte auch, daß es nötig war, ihrer Bitte nachzugeben. Er schenkte Gudrun noch einen kleinen Schluck roten Landwein in ihr Glas und sagte:

»Dann müßten wir also eigentlich jetzt einen Heuervertrag machen, wie es sich gehört. Aber dazu müßten wir auf die Agentur gehen, und dazu wiederum fehlt es uns an Zeit. Wir machen beide einen Heuervertrag mit Handschlag, das wird auch genügen.«

Vater reichte ihr die Hand über den Tisch. Gudrun schlug ein, und er sagte feierlich:

»Hiermit verpflichte ich dich, auf der »Argos« während der Heimfahrt von Santa Cruz de Teneriffa über Antwerpen nach Bremen als Steward alle Pflichten getreulich zu erfüllen, die nach Herkommen und Brauch mit diesem Posten verbunden sind auf hoher See und im Hafen.«

Vater hob sein Glas und stieß mit Gudrun an:

»Nun haben wir also eine echte Jakobine unter unserer Besatzung an Bord. Jakob wird seinen Spaß daran haben, wenn er davon hört.«

— * —

Es war eine ganz andere Gudrun, die eine halbe Stunde später mit ihren Paketen unter dem Arm wieder über das Fallreep ging und die »Argos« betrat. Es war kein Passagier, es war auch nicht die Tochter des Kapitäns, die von ihrem Vater auf einer Reise mitgenommen wurde. Es war ein stolzes, strahlendes Mitglied der Besatzung. Es war der neue, feierlich angemusterte Steward, dem die Pantry und die Messe unterstand, und der für das Wohl des Kapitäns und seiner Offiziere zu sorgen hatte.

Gudrun verstaute ihre Kostbarkeiten mit einer Sorgsamkeit und Überlegung, die sie an sich selbst mit Verwunderung wahrnahm. Jeder Gegenstand wurde noch einmal eingewickelt, denn die schönen Reiseandenken durften nicht kaputtgehen oder sich verschrammen, wenn die »Argos« wieder in den Seegang kam.

Dann legte sie ihr hübsches, weißes Leinenkleid ab, das sie erst heute morgen frisch angezogen hatte. Für die Arbeit war es natürlich zu schade. Nachdenklich musterte sie ihren bereits sehr zusammengeschmolzenen Bestand an Kleidern. Für ihre neue Tätigkeit konnte sie nur etwas Praktisches gebrauchen, ein Kleid, das sauber aussah, aber auch nicht zu leicht schmutzte.

Hätte sie nur eine ihrer weißen Kittelschürzen mitgenommen, um die es zu Hause immer einen Kampf gegeben hatte, weil Mutter verlangte, daß sie sie bei der Küchenarbeit trug. Aber wer hätte denken können, daß sie bei Vater an Bord Kittelschürzen gebrauchte?

Gudrun wählte ihr ältestes Kleid, ein braunkarriertes Dirndl. Auf solchem Stoff sah man nicht gleich jeden Fleck. Aber eine Schürze darüber fehlte. Jakob hatte immer schöne, blitzsaubere, steifgestärkte Jakken getragen, auf deren goldenen Knöpfen die Buchstaben der Linie eingeprägt waren. Und stand er in der Pantry, um Geschirr zu spülen oder Gläser nachzureiben, hatte er ein Handtuch vorgebunden. Auch der kleine Hans ging immer mit einem Küchentuch, das er rundherum in seinen Hosenbund steckte. Solch ein Tuch konnte sie sich ja auch in den Gürtel schieben. Gudrun wußte, wo die Schiffswäsche lag.

Richtig! Jakob hatte auch die Fächer mit der Bordwäsche unter sich. Sie hatte einmal zugesehen, wie er Mundtücher und Küchenwäsche verwahrte. Die Wäsche mußte sie also auch übernehmen. Gudrun lachte ein wenig stolz vor sich hin, während sie sich ihre Zöpfe so fest wie möglich einflocht. Wenn Mutter das wüßte, Mutter, die keinen Menschen an ihren Wäscheschrank heranließ.

»Steward! Steward!«

Rief jemand draußen? nach Jakob?

Es war Ottos Stimme. Gudrun machte schnell die Tür auf und wollte sagen, daß sie jetzt der Steward sei, da rief Otto:

»Für den Käpt'n ein Glas Orangeade aus dem Kühlschrank!« und lief schon wieder davon.

So wußte Otto also schon, daß Vater sie als Steward angemustert hatte. Was hielt Otto wohl davon? Gewiß glaubte er, daß es nur eine Spielerei für sie werden würde! Sie wollte ihm zeigen, wie gewissenhaft sie sein konnte. Auch auf sie sollte man sich verlassen dürfen!

Vater nahm das Glas Orangeade entgegen, das Gudrun ihm, wie es sich an Bord gehört, auf einem kleinen Tablett gereicht hatte, und vertiefte sich gleich wieder in den Stoß Formulare, die er nach Durchsicht unterschrieb.

»Kannst zu Thaden gehen, falls du gern eine weiße Messejacke haben willst«, sagte er nebenbei und nickte ihr kurz zu.

— * —

Ein Steward steht nicht auf der Brücke, wenn das Schiff den Hafen verläßt. Ein Steward hat auf der Brücke überhaupt nur etwas zu suchen, wenn er hinaufbestellt wird. Aber an der Reling des unteren Decks, dicht bei der Pantry, durfte der Steward stehen und von dort aus zusehen, wie das Schiff sich vom Kai löste und mit kaum merklichen Schraubenumdrehungen Fahrt langsam aufnahm, während der Abstand zwischen Land und Schiff größer und größer wurde.

Noch konnte man jeden Menschen auf dem Kai genau erkennen. Alle schauten der »Argos« nach, wenige winkten. Noch war auch die Marina mit ihren hohen Palmen deutlich sichtbar, und die Augen durften noch einmal über den Kai hinweg zum hellen Marktplatz wandern, von dem aus die Straßen und Gassen aufwärts stiegen. Jetzt wurde der Kai allmählich zu einem langen weißen Streifen, auf dem es unruhig hin und her wimmelte. Die Hafenstadt sank gleichsam in ihrer Bucht, in die sie eingebettet lag, zusammen, und über der dunklen Felsenwand des Anagagebirges begann der Pik sich höher und höher zu erheben.

Die Wellen wurden lang, auf denen die »Argos« wie ein leerer Nachen tanzte. Gudrun beugte sich über die Reling hinüber. Das Wasser lag tief unter ihr. Alle Bullaugen durften getrost weit offenstehen, es würde nicht einmal ein Spritzer hineinwehen können. Außenbords trat die rote Unterwasserfarbe der »Argos« in einem breiten Streifen heraus. Die grauen Wogen wuschen rieselnd und träge an ihr entlang.

Gudrun blickte wieder hoch. Wie hatte sie auch nur für einen Augenblick vergessen können, der Insel und dem Pik nachzuschauen? Schon schob das Ufer sich zusammen. Nicht nur der Pik, die ganze Insel schien steiler aus dem Meer emporzusteigen. Von Santa Cruz war nichts mehr zu sehen. Die schroffen, schwarzen Felsenwände des Anagagebirges hatten sich bereits vor die Hafenbucht geschoben. Ein weißer Brandungsgürtel schäumte gegen das schwarze Gestein. Um den Pik schien die Passatwolke zusehends zu wachsen. Sie ließ nur noch den obersten Kegel mit dem Kraterrand frei.

War wirklich erst kaum eine Woche vergangen, seit sie auf der Brücke der »Argos« gestanden hatte und Otto den Tino zu allererst entdeckte? Wie eine Ewigkeit schien das herzusein. Und war sie wirklich nur vier Tage auf einer der »Glücklichen Inseln« gewesen? Ihr schien es eine lange, lange Zeit, hinter der alles, was vordem gewesen war, weit zurücklag. Und wenn es auch fast ein bißchen weh tat, daß sie von Teneriffa schon wieder Abschied nehmen mußte, so spürte sie doch ein neues Gefühl des Glücks und der Erhobenheit. Sie war nun kein Kind mehr, auf das man achtgeben mußte, kein tatenloser Nutznießer all der schönen Dinge, die es auf einer Seereise zu erleben gab. Sie war eingereiht in die Gemeinschaft der Schiffsbesatzung, die unter Vaters Kommando stand. Sie war ein Glied der Mannschaft geworden, wie Otto, wie Niejahr, wie der kleine Hans und alle Matrosen vorn in ihrem großen Logies. War ihr bisher nicht selbst der kleine Hans, der sogar noch um drei Monate jünger war, überlegen gewesen? Wenn Mutter das wüßte! Wenn Hannelore und Grete ahnten, daß sie auf dieser Reise schon etwas geworden war!

Die »Argos« hob sich mit weitausholenden Bewegungen hoch und sank langsam wieder zurück, um sich dann mit einem matten Entschluß von neuem zu erheben. Die Glasen schlugen an. In der Pantrytür erschien Tüdel mit seiner weißen Mütze und meldete dem Steward, der Kaffee für die Messe stände bereit.

In Amt und Würden

Mitunter blieb Maschinist Koldgreen der Bissen im Munde stecken, wobei sich an seiner Backe eine Kugel, wie eine Walnuß in ihrer grünen Schale groß, wölbte. Ein Zittern ging durch das ganze Schiff, die Wände der Messe schienen zu bersten. Es knisterte rundum im Gebälk. Für Augenblicke trat eine beklemmende Stille ein, denn die Schiffsmaschine setzte aus. Sie war abgedrosselt worden. Die »Argos« schien in eine bodenlose Tiefe hinabgezogen zu werden. Dann setzte das Geräusch der Maschine wieder ein. Der Tisch hob sich langsam an einer Seite hoch. Unter dumpfem Grollen klomm die »Argos« den neuen Wellenberg hinauf.

Nun erst schluckte Koldgreen seinen Bissen herunter und murmelte erleichtert:

»Wieder ein Eckstein vorbei.«

Der Schiffskoch hatte es aufgeben müssen, Gudruns Leibgericht, die goldgelben, kleinen Eierkuchen zu backen, die er mit unnachahmlichen Schwung in der Luft zu wenden verstand. Es war überhaupt ein Wunder zu nennen, daß weiterhin jede Mahlzeit pünktlich eingehalten wurde. Mit dem Schlage der Glasen stand das Essen zur Übernahme für den Steward bereit.

Noch kein Mal hatte Gudrun den Tisch so hübsch decken können, wie sie es bei Jakob gesehen hatte. Die Schlingerleisten wurden überhaupt nicht heruntergeklappt, um nach dem Essen den Tisch abzuwischen. Auch die Speisen mußten stets in den großen Kummen auf den Tisch kommen, die jeder sorgsam festzuhalten bemüht war, weil sie sonst auf der blanken Platte zu wandern begannen.

Der Tanz der »Argos« hatte bereits eingesetzt, als Teneriffa von einem Kranz leuchtend weißer Brandung umspült, noch als dunkles Bergmassiv, das sich unvermittelt aus dem Ozean erhob, sichtbar gewesen war. Nun dauerte er bereits ununterbrochen drei Tage und drei Nächte an. Wie hoch die »Argos« auch mit ihrer leichten Fruchtlast über dem Wasser lag — die Wellen waren noch höher! Sie rollten ohne Unterlaß eine nach der anderen grau und grünlich auf die »Argos« zu.

Wenn man über den Bug hinausschaute, war es, als blickte man einem Hang entgegen, an dem das Wasser schwer und träge heruntersank, vielmals in sich selbst küselnd. Und diesem Hang neigte der Bug der »Argos« sich zu, bis er seinen Fuß erreicht hatte und ihn langsam emporzuklimmen begann. Oder richtiger wäre es vielleicht zu sagen, daß der Hang heranrollte und die »Argos« gemächlich unter sich nahm, zu sich emporhob und dabei unter der »Argos« bis mittschiffs weiterkroch. Dann sah es für einen Augenblick so aus, als müsse die »Argos« sich besinnen, welchen Weg sie weiterhin wählen sollte. Sollte sie rittlings wieder hinuntergleiten, oder über den Kamm des Hanges hinweg sich auf der anderen Seite erneut in die Tiefe wagen? Das war auch der Augenblick, zu dem am Heck die Schraube aus dem Wasser trat und die Maschine sofort abgedrosselt werden mußte, weil die Schraube sich nicht in der Luft drehen durfte. Und kaum hatte die «Argos» sich zum Absturz nach vorn bereitgefunden und glitt auf der anderen Seite des Hanges hinab, rollte schon die nächste Welle ihr entgegen, nicht etwa niedriger, sondern eher noch ein wenig höher scheinen. Dann vergaß Koldgreen jedesmal das Schlucken, und hatte nur Ohr und Gefühl für die »Argos«. Mit seinem Eckstein, von dem er dann immer sprach, hatte er nicht Unrecht. Es war einem wirklich so zumute, als glitte das Schiff in dieser Lage um Haaresbreite an einem verhängnisvollen Eckstein vorbei.

Wenn Gudrun, beide Hände an den Türrahmen der Pantry geklammert, hinausschaute, sah sie keinen Horizont mehr. Sie sah nur die graugrünen gewaltigen Wellen, die hoch in den Himmel stiegen; sie befanden sich auf einer rastlosen Wanderung ohne Anfang und ohne Ende. Hinter ihr klirrte alles Geschirr in den Fächern, und Tüdels Pfannen und Töpfe begleiteten diese Musik. Draußen war die Luft von einem wunderlichen Rauschen erfüllt, einem vielstimmigen Brausen, Rieseln und Sausen. Man hörte darin die saugende Kraft, die die Wellen in sich bargen, und von der sie getrieben wurden. Und hatte man eine Weile hinausgeschaut, begann alles, auf das man die Augen heftete, zu tanzen und zu küseln.

Es war an sich nicht so viel Wind, wie man nach dem hohen Wellengang vermuten konnte. Dennoch pfiff und knatterte es scharf vom Vordeck und vom Achterdeck über die »Argos« dahin. Das kam von den beiden Ventilatoren aus derbem Öltuch, die wie riesenhafte Vogelscheuchen aus den Ladeluken heraus weit über das Deck emporragten. Sie hatten Arme und ließen sich nach dem Winde drehen und sollten während der Überfahrt die empfindliche Fruchtladung im Raum am vorschnellen Reifen hindern.

Bei der Übernahme der Bananenfracht in Santa Cruz waren die Früchte noch grün und steinhart gewesen, aus den Lattenverschlägen war nur der Geruch des Strohes gedrungen. Jetzt wehte der Duft der Bananen schon über das ganze Schiff dahin und drang in jeden Raum, ein köstlich verlockender Duft. Doch Gudrun hatte ja ihren eigenen Rassimo, den Jakob ihr geschenkt hatte. Er hing jetzt in der kleinen Besenkammer neben der Pantry an einem starken Haken von der Decke herab und schwankte dort unermüdlich mit der »Argos« hin und her. Wie oft Gudrun sich auch schon eine Banane abgebrochen hatte, er war doch immer noch übervoll. Es hatten wohl mehr als hundert Früchte an dieser Traube gehangen.

Der Duft der Bananen stieg aber nicht nur aus den offenen Ladeluken heraus. Er kam ebenso von den zahllosen Bananenkisten, die noch überall an Deck untergebracht waren. Von weitem mußte die »Argos« fast wie ein hochbeladener Frachtwagen aussehen, denn vorn am Bug, wo die Ankerwinden standen, waren die Lattenverschläge in mehreren Stockwerken übereinander vertäut. Sie standen die Reling des Vorschiffs entlang, bis zum Platz vor der Brücke, wo Jakob auf der Hinfahrt die Liegestühle aufgeschlagen hatte. Thaden hatte sogar auf dem Achterdeck seinen kleinen Blumengarten wegräumen müssen, weil auch dort Ladung untergebracht werden mußte. Nur auf dem Oberdeck, rund um das Ruderhaus und das Kartenhaus, konnte man noch ungehindert hin- und hergehen, aber das Oberdeck war für den Steward eine fremde, verschlossene Welt.

Gudrun hatte darauf bestanden, nicht mit Vater und seinen Offizieren in der Messe zu essen; Jakob hatte ja auch hinterher, und sogar meist in der Pantry stehend, seine Mahlzeiten eingenommen. Wer sollte auftragen, wer Essen nachholen, wenn sie in der Messe mit am Tisch säße? Ging es an, daß sie immer wieder aufstand, um den Pflichten des Stewards nachzukommen? Nach ihrer Meinung ging das keinesfalls an.

Es gab auch alle Hände voll zu tun, zumal man meist auch nur eine Hand gebrauchen konnte, weil, man sich mit der anderen irgendwo festhalten mußte.

Welche Aufgabe war es allein, die Deckelschüssel mit dem Mittagsgericht unbeschadet von der Pantry bis in die Messe und dort bis auf den Tisch zu befördern! Mit der Zunge zwischen den Zähnen und starr auf den Weg gerichteten Augen war es keinesfalls getan. Man mußte vor allem lernen, schon im voraus zu fühlen, was die »Argos« in der nächsten Minute vorhatte. Man mußte den günstigen Augenblick ausnutzen, in dem sie sich in der Tiefe besann, um schnell das Geländer der Treppe zu fassen. Man durfte die Treppe aber nicht hinaufgehen, wenn sich der Bug des Schiffes hob. Man mußte vor allen Dingen warten können, auch niemals gleich von der Tür der Messe auf den Tisch lossteuern wollen, wo Vater und seine Offiziere schon wartend saßen und ihr ein wenig schmunzelnd entgegenblickten. Otto sollte nicht ein zweites Mal aufspringen und sie auffangen müssen, während die Terrine auf dem Boden zerschellte und die gute Gemüsesuppe sich über die ganze Messe ergoß!

Ein Glück, daß die Pantry so klein war. Ja, sie schien wie für hohen Seegang gemacht! Man klemmte sich einfach zwischen Wand uns Spültisch wie ein Teller in seinem Fach ein, dann konnte die «Argos» sich gebärden, wie es ihr gefiel, der Abwasch wurde doch ohne Bruch geschafft!

Aber am merkwürdigsten war es in diesen Tagen, in seiner Koje zu liegen. Die Koje war keine Wiege mehr, die sanft hin und hergeschaukelt wurde. Sie war wie ein Kahn auf hoher See, mit dem die Wellen rücksichtslos ihr ungebärdiges Spiel trieben. Am ersten Abend dachte

Gudrun, daß sie die ganze Nacht keinen Schlaf finden würde. Sie rollte immer zwischen Wand und Netz hin und her. Und stockte die »Argos«, begannen die Füße zu steigen und der Kopf zu sinken. Dann meldete der Magen sich. Man mußte mit aller Energie versuchen, an etwas anderes zu denken, denn ein Steward durfte nicht seekrank werden! Er hatte ernste Pflichten an Bord zu erfüllen.

Gudrun hatte eine Hand in die Schlaufe geschoben, hielt sich damit ein wenig fest und dachte angestrengt an zu Hause, an Mutter, an die Schule und an die Freundinnen. Doch der Magen wollte sich nicht ohne Weiteres beiseiteschieben lassen. Die Gedanken waren gewissermaßen nicht laut genug. Wenn Vater jetzt in die Kabine käme, damit sie jemanden hätte, mit dem sie sprechen könnte, würde es besser gehen. Sie dachte an Otto. Das half für ein Weilchen, denn das gemahnte sie an den festen Vorsatz, sich brauchbar und zuverlässig zu erweisen. Wenn Otto hier wäre und sie könnte sich mit ihm etwas erzählen, würde sie den Magen bestimmt besiegen. So begann sie, mit Otto zu sprechen, als stünde er an dem kleinen Bullauge und hörte ihr aufmerksam zu. Und darüber wurde der Magen besiegt und sie schlief ein.

— * —

Gudrun stand nach dem Frühstück in einer glänzend gestärkten Messejacke hinter Vaters Stuhl, beide Hände um die Lehne geklammert. Vater las den Speisezettel, mit dem Tüdel Gudrun hineingeschickt hatte. Da wandte Vater sich plötzlich zu ihr um und fragte:

»Kannst du auch noch, Kind?«

»Wie meinst du das, Vater?«

Gudrun mußte sich in diesem Augenblick an Vaters Schulter halten, denn die »Argos« machte etwas Neues. Sie stieg aus ihrer Tiefe nicht wieder hoch, sondern es war, als wollte sie sich einfach um sich selbst drehen, jetzt neigte sie sich gar auf eine Seite und begann auf eine ganz eigene Weise zu rollen.

»Otto hat recht, es kommt tatsächlich mehr Nordwest auf« sagte Vater ärgerlich und vergaß darüber seine Frage. »Das ist gerade das, was wir im Augenblick am wenigsten gebrauchen können«, fuhr er fort. »Ich fürchte, ehe wir aus der Biskaja hinauskommen, sind unsere Bananen schon reif. Die ganze Ladung kann uns verderben.«

Vater und Gudrun horchten auf. Draußen pfiff der Wind an den Decksbauten vorbei, und die ersten Schaumspritzer jagten an den Fenstern vorüber. Es war deutlich zu spüren, daß nun Wind und Seegang die »Argos« von der Seite packten und in ihr stetiges Steigen und Sinken eine neue Unruhe brachten.

»Ist dir auch kein bißchen komisch?«, fragte Vater lächelnd und schaute Gudrun prüfend an.

»Daran habe ich jetzt gar nicht mehr gedacht«, lachte Gudrun. »Aber wenn du fragst« — sie hatte sich für einen Augenblick neben Vater gesetzt und empfand tatsächlich im Magen einen Druck, als wollte etwas daraus emporsteigen. Vater entging das nicht.

»Du solltest dich lieber hinlegen«, meinte er.

»Hinlegen?« Gudrun erhob sich schnell. »Ich kann mich doch nicht ins Bett legen, Vater! Wer sollte dann meine Arbeit machen!«

»Ratsamer wäre es doch«, sagte Vater. »Otto war gestern schon besorgt, denn man kann sich bei diesem Seegang leicht die Knochen brechen.«

»Ich passe auf, Vater. Otto braucht sich keine Sorgen zu machen«, sagte Gudrun eifrig. »Ihr müßt mir glauben, daß ich vernünftig und vorsichtig hin. Und die Suppe werfe ich bestimmt nicht wieder hin. Man lernt so etwas, wenn man es eine Weile gemacht«, fügte sie hinzu.

»Aber ohne blaue Flecke ist es wohl nicht abgegangen?« lachte Vater.

»Die habe ich natürlich überall«, sagte Gudrun stolz.

»Das ist noch ein ander Werk, als auf den Pik zu reiten. Nicht wahr?« fragte Vater.

»Und wie, Vater — Aber viel, viel schöner ist es«, versicherte sie.

»Doch wenn du jetzt so gut sein willst, Vater, hinauszugehen — deine Kammer ist fertig — hier bin ich aber heute morgen noch nicht zum Wischen gekommen. Ich muß auch nach Hans sehen. Dem ist ganz bestimmt ein bißchen komisch. Er sah nämlich so grün an. Und wenn man nicht hinterher ist, ist der Wasserspeicher leer. Hans ist auch noch ein bißchen zu jung, um von sich aus an alles zu denken«, fügte sie nachsichtig hinzu.

— * —

Bei günstigem Wetter hätte die »Argos« in zehn Tagen Antwerpen erreichen müssen. Jetzt wurde zu diesem Zeitpunkt erst das Leuchtfeuer von Quessant passiert.

Es war ein kühler, grauer Abend. Der Wind blies steif aus Westnordwest und trieb schwere Wolken am Himmel entlang, dessen letzte Abendröte langsam verblassten. Die »Argos« stampfte und mühte sich mit den kurzen, spitzen Wellen ab, die ihre Spritzer hochwarfen. Die Schraube kam nicht mehr aus dem Wasser heraus, doch man spürte an den Stößen, die immer wieder durch das ganze Schiff gingen, wieviel der Seegang ihm zu schaffen machte.

Gudrun kam von einem kurzen Ausblick an der Reling in die Pantry zurück, wo es warm und gemütlich war. Hans saß in der offenen Küchentür auf einem Hocker und schälte Kartoffeln für den nächsten Tag. Er schmetterte dabei aus voller Kehle: »Ick weit enen Eikboom, de steiht an de See.« Er brach sofort ab, als er Gudrun sah. Doch Gudrun nahm das Lied gleich auf, und nun sangen sie zusammen alle Strophen durch.

Gudrun hatte sich im ersten Augenblick gewundert, wie hingegeben Hans bei seinem Gesang gewesen war. Jetzt wurde auch sie auf eine eigenen Weise von diesem Liede berührt. Sie hatte es früher oft mit Grete und Hannelore gesungen, und Großvater war manchmal sogar auf den Gedanken gekommen, sich dieses Lied regelrecht bei ihnen zu bestellen. Aber hier an Bord klang das Lied anders, als zu Hause. Es kam etwas Neues aus ihm heraus, was sie vordem nicht gehört oder gefühlt hatte. Es war so, als sähe man durch seine Worte und Töne die Heimat greifbar nahe: das Haus mit den beiden alten Rotdornbäumen davor, darunter die Blumenbeete, auf denen die großen Muscheln wie tiefe Schalen lagen, die Großvater einmal von einer Langfahrt mitgebracht hatte.

Gudrun fühlte das Wort »Heimat«, als würde sie zum ersten Mal mit ihm bekannt. Und sie verstand, wie tief es im Herzen lag. Heimat, das war das zu Haus, es war Mutter und Großvater, alle Stuben und die blaugemalte Küche. Es war auch das ganze Dorf mit allen Häusern und Straßen, mit Wiesen und Feldern, sowie alle Menschen, die dort wohnten. Die Heimat, das war aber noch viel, viel mehr: das ganze deutsche Land, das gleichsam dort lag und darauf wartete, daß die »Argos« wieder in den Hafen kam, in ihren Heimathafen.

Alle zu Haus hatten gewiß täglich an die »Arglos« gedacht und rechneten sich aus, wann sie zurück sein könnte. Wußte Mutter überhaupt, daß die Heimreise wegen des ungünstigen Wetters länger dauerte? Mußte Mutter nicht denken, daß die »Argos« heute schon in Antwerpen sei und drei Tage später in Bremen an ihrem Kai?

Gudrun lief hinaus und klopfte unruhig an Vaters Kammer. Er saß an seinem kleinen Schreibtisch.

»Du, Vater, Mutter denkt sicher, daß wir in drei Tagen zu Hause sind!« rief sie ihm entgegen.

»Meinst du?« lächelte Vater.

»Nun dauert es aber länger, hast du doch selbst gesagt!«

»Ja, und?« Vater lächelte wieder.

»Können wir nicht an Mutter telegraphieren? Sonst ängstigt sie sich gewiß.«

»Das würde sie bestimmt tun«, sagte Vater. »Aber wir haben Montag schon gefunkt und heute morgen wieder. Diese Nacht kommen wir übrigens in den Kanal.«

Er zog neben seinem Schreibtisch einen Klappstuhl aus der Wand und fragte:

»Hat der Steward nicht auch einmal für mich ein bißchen Zeit?« Vater sah sie dabei an, als fürchtete er, sie könnte nein sagen und ihn gleich wieder verlassen.

Gudrun setzte sich schnell, dann sagte sie ehrlich:

»Aber nicht lange, Vater, du weißt doch, ich muß bald an das Abendbrot denken.

»Ja, ja, du hast die Gedanken jetzt immer in deinem kleinen Reich da unten. Aber wir in der Messe finden, daß es eigentlich hübscher war, als du noch mit uns am Tisch saßest — ich habe übrigens Bescheid von der Agentur bekommen. Jakob geht's gut. Er steht schon ein bißchen auf. Er läßt seinen Stellvertreter grüßen. Ich wollte dich schon rufen lassen, um dir den Gruß auszurichten, aber du hattest sicher unten gerade viel zu tun.«

»Zu tun ist ja immer«, sagte Gudrun ernsthaft.

»Du hast nicht einmal mehr Zeit, ein bißchen zu mir auf die Brücke zu kommen. Sag mal,« sagte Vater mit einem kaum merklichen Lächeln, »wäre es nicht doch schöner gewesen, wenn du auch auf der Heimfahrt Passagier gewesen wärest und nicht soviel Arbeit bekommen hättest?«

»Nein, Vater«, sagte Gudrun wieder ernsthaft und fügte hinzu: »Als Passagier macht man nur Dummheiten, weil man einfach nicht weiß, was man vor Wohlleben den ganzen Tag über anstellen soll. Möchtest du etwa lieber als Passagier fahren?«

»Nein, bloß nicht«, wehrte Vater ab.

»Siehst du!«

»Eigentlich wollte ich es dir erst sagen, wenn wir wieder an Land sind, Lütting«, begann Vater. »Aber ich kann es auch jetzt schon tun. Wir haben ja das Schlimmste hinter uns, und ich muß ehrlich betonen: eine so harte Fahrt mit Bananen hat die »Argos« vorher noch nicht erlebt. Wir kennen solchen Seegang wohl zwei oder drei Tage lang — doch eine ganze Woche mit immer wieder abgedrosselter Maschine zu fahren, das zehrt an den Nerven von Mensch und Schiff. Zeit, daß wir auf die Werft kommen und alles ein bißchen überholt werden kann. Ja, was ich dir sagen wollte — du hast dich fein gehalten und deine Pflichten ohne Tadel erfüllt.«

Gudrun wurde rot. Nicht nur aus Freude über Vaters Anerkennung, sondern auch ein bißchen aus Scham. Denn war es wirklich eine Leistung gewesen, die Arbeit in der Pantry zu machen? Und war nicht auch vieles unterblieben, was eigentlich ebenfalls zu den Pflichten eines Stewards gehört?

»Die Bestecke glänzen lange nicht mehr so wie früher, Vater. Ich weiß nicht, wie Jakob das gemacht hat, und in der Messe sind lauter Schrammen auf den Fußboden gekommen, die waren früher nicht da.«

Vater nickte zum Zeichen, daß ihm das nicht entgangen war.

»Und der Wäscheschrank müßte auch aufgeklart werden. Ich finde mich da einfach nicht mehr durch. Manchmal bin ich auch nicht dazu gekommen, meine eigene Koje ordentlich zu machen. Mutter sagt immer, es wäre das schlimmste Zeichen der Faulheit oder falschen Zeiteinteilung, wenn ein Mensch sich abends in ein ungemachtes Bett legen mag. Mutter meinte mal, damit finge immer das liederliche Leben an.«

Vater lächelte ein bißchen.

»Und Mutter sagt immer, liederliche Menschen könnten es nie im Leben zu etwas bringen.«

»Wozu willst du es denn eigentlich in deinem Leben bringen?« fragte Vater gespannt.

Gudrun gab keine Antwort.

»Ein Seemann weiß nicht viel von seinen Kindern«, sagte Vater. »Für mich warst du immer einfach da. In meinen Augen warst du immer ein Kind. Ich ahne nicht einmal, was für Pläne du eigentlich hast.«

»Das weiß ich selbst noch nicht«, sagte Gudrun. »Aber es muß etwas Schönes sein und etwas Ordentliches. Natürlich muß es auch Spaß machen, Langweiliges mag ich nämlich nicht.«

»Langweiliges, wie —— nun, wie Geschirrspülen und die Küche saubermachen«, lachte Vater.

»Ja, all so was«, stimmte Gudrun eifrig zu. Dann besann sie sich plötzlich und wurde ein bißchen verwirrt.

»Aber hier an Bord war das doch nicht langweilig?« half Vater ihr.

»Ja, das fiel mir eben ein«, sagte Gudrun. »Da macht es nämlich Spaß, Weißt du, wenn die Teller alle wieder hübsch in ihren Fächern stehen, das habe ich zu gern. Und wenn Tüdel ein so herrliches Reisgericht gemacht hat, wie heute mittag, und ich darf es hineinbringen und rutsche dabei nicht aus und sehe, wie gut es allen schmeckt ——« Gudrun dachte wieder nach. Nicht einen Augenblick war die Arbeit in der Pantry langweilig gewesen. Alles hatte Spaß gemacht. Und schon am Morgen beim Aufstehen konnte man sich darauf freuen, Vaters Kammer so ordentlich wie möglich zu säubern.

»Ich weiß eigentlich nicht recht, warum das alles hier ganz anders ist«, sagte Gudrun.

»Ich glaube, ich weiß es«, antwortete Vater. »Es kommt davon, daß du hier alles allein machen darfst und dir keiner etwas sagt.«

Gudrun nickte. Vater hatte recht. Daran mußte es liegen! Hier an Bord sagte niemals jemand: du mußt mir aber endlich helfen! Keiner sagte: kannst du denn nach dem Spülen die Schüsseln nicht wieder sauber wischen? Da sitzt noch der ganze Rand vom Spülwasser. Oder Mutter kam zum dritten Mal und riß sie mitten aus einem spannenden Buch, weil die Wäsche vor dem Abend noch hereingeholt werden mußte. Hier sagte kein Mensch etwas. Warum konnte das zu Hause nicht auch so sein?

Vater schien Gedanken lesen zu können, denn er sagte, während er sich in seinem Stuhl zurücklehnte:

»Wir durften es jetzt auch nicht so genau nehmen. Man kann nicht von heute auf morgen ein vollkommener Steward werden. Jakob ist überhaupt nicht zu ersetzen. Und so haben wir alle gern ein Auge zugedrückt. Du weißt auch selbst, daß nicht alle Arbeit gemacht worden ist. Und glaube mir, Mutter hat zu Haus noch mehr zu tun! Denk mal an die viele Arbeit, die Mutter das ganze Jahr über zu machen hat, nicht nur in der Wirtschaft, sondern auch mit unserem großen Garten, den vielen Hühnern, dem Schwein, im Sommer mit dem Einmachen, im Winter mit dem Schlachten. — Glaubst du, du könntest das alles ohne Anleitung machen, ohne daß wenigstens jemand sagt, was jeweils zu geschehen hat?«

»Nein, bestimmt nicht«, gab Gudrun ehrlich zu.

»Und mußt du nicht noch viel lernen, wenn du Mutter auch nur eine wirklich brauchbare Hilfe sein willst?«

»Doch«, nickte Gudrun.

»Siehst du — wenn du von Mutter alles gelernt hast und kannst später einmal selbständig wirtschaften, macht es dir bestimmt ebenso viel Spaß wie hier auf unserer »Argos«, sagte Vater.

Es klopfte an die Tür. Hans erschien. Kaum hatte er Gudrun erblickt, rief er:

»Du, nun aber fix, — Tüdel schimpft schon, wo du bleibst! Er ist lange mit dem Abendbrot fertig!«

Mit der Strömung im Kanal wurde die »Argos« gleichsam wie auf Händen der Heimat entgegengetragen. Man sah zwar nirgends Land, dennoch spürte man, daß das Schiff den Ozean verlassen hatte. Ja, die feuchte, nebelige Luft schien sogar ein wenig nach Land zu duften, und zwar nach schwarzem, nassen Frühlingsboden.

Es war ein Glück, daß die Sonne nicht schien, denn die Bananen waren reif. Wenn man zwischen den Latten das Stroh ein bißchen auseinanderschob, konnte man sehen, wie goldgelb die Früchte geworden waren.

Über das ganze Schiff breitete sich eine frohe Stimmung von Heimkehr und Landurlaub aus. Die »Argos« sollte zum Überholen auf die Werft, und so winkte dem größten Teil der Besatzung eine Reise nach Hause. Auf dem ganzen Vorschiff war Wäsche aufgehängt. Leinen waren gespannt, wo nur zwischen den Bananenkisten Platz dafür gefunden war, und überall wehten die hellen, guten Sonntagshemden. Noch nie hatte die Freiwache soviel gesungen und so fröhlich Schifferklavier gespielt.

Alle Sorgen um die bösen Ecksteine waren vergessen. Koldgreen hielt Gudrun beim Abtragen des Geschirrs übermütig an ihrer weißen Jacke fest, so daß sie um ein Haar mit ihrem Tablett ausgerutscht wäre. Er lachte noch über ihr Erschrecken.

Nur Otto behielt seine sachliche, ruhige Art. Er wurde von der allgemeinen Fröhlichkeit nicht angesteckt. Hatte Otto denn wie die anderen Grund, sich auf einen Landurlaub zu freuen? Otto hatte kein Elternhaus mehr. Er hatte nur bei der alten Tante das kleine Zimmer, in dem er schon als Schüler gelebt hatte. Ottos Heimat war eigentlich die »Argos«, war Vaters Schiff, ging es Gudrun durch den Sinn.

Als Gudrun mit ihrem Abwasch in der Pantry fertig war, stieg sie zum ersten Mal während der Heimfahrt auf die Brücke hinauf, wo Vater und Otto standen. Es war schon dunkel geworden. Um die Toplichter sammelte sich ein Strahlenkranz von Feuchtigkeit, und wenn man mit dem Glas den Horizont aufmerksam absuchte, konnte man überall die Lichter von anderen Schiffen entdecken. Die »Argos« fuhr wie auf einer breiten Fahrstraße dahin, durch die die Dampfer und Segler aller Herren Länder kamen.

Vater sprach davon, daß sie morgen im Hafen von Antwerpen sein würden.

»Sehen wir auch etwas von der Stadt?« fragte Gudrun.

»Vom Kai nicht allzuviel, nur die alte Grafenburg, der Steen, und natürlich den Turm der Kathedrale. Zeit genug, um in die Stadt zu gehen, hätten wir schon. Ich möchte nur während des Löschens nicht gern von Bord, und allein kann ich dich schlecht nach Antwerpen hineinschikken. Du fändest vielleicht nicht wieder zu unserem Kai zurück, denn der Hafen von Antwerpen ist riesengroß, er ist wirklich wie eine Welt für sich.«

Gudrun dachte einen Augenblick nach. Sie schaute zuerst Vater an, darauf Otto. Dann fragte sie bescheiden:

»Otto, wenn du Zeit hättest, würdest du wohl mit mir in die Stadt hineingehen? Ich möchte mir Antwerpen gern ansehen. Ich will auch — «

Sie brach plötzlich ab, da sagte Otto schon:

»Gut, wir beide gehen zusammen. Ich finde, du hast dir eine kleine Belohnung ehrlich verdient.«

Antwerpen

Antwerpen ist eine der wenigen alten Städte, deren gotische Kathedrale mit ihrem himmelhohen Turm nicht freigelegt worden ist. Die Kathedrale von Antwerpen hat ihren bescheidenen, von vielen kleinen Häusern beengten Wohnraum behalten und erhebt sich über einem Gewirr niedriger, windschiefer Dächer so unvermittelt in die Höhe, als hätte sie nichts mit den Menschen und ihren engen Behausungen zu schaffen, sondern nur nach dem Himmel zu trachten.

Man mußte den Kopf weit zurückbeugen, wollte man an der Westseite der Kathedrale das wunderfeine Maßwerk bestaunen, das wie ein Gewebe von Spitzen aussah. Aus der Fassade mit dem gitterartig gewölbten Eingang wuchsen zwei Türme empor. Doch der eine war wie abgebrochen und hatte nur eine bescheidene Mütze auf, aber der andere wurde auf seinem Wege nach oben immer zarter und durchsichtiger, um überall dem blauen Frühlingshimmel Einlaß zu gewähren.

Gudrun schmerzte bereits der Nacken, aber sie stand noch immer, die Hände auf dem Rücken verschränkt und konnte den Blick nicht von der Höhe wenden. Ihr Herz klopfte laut vor Staunen und Entzücken. Etwas so Wunderbares hatte sie noch nie in ihrem Leben gesehen! Und wie fein getönt war das Steingespinst, nicht einfach grau, sondern grünlich, manchmal auch schieferfarben, und wie die Sonne es traf, hatte es einen zarten gildenen Glanz.

»Wollen wir nicht hineingehen?« fragte Otto.

»Dürfen wir das?«

»Gewiß«, sagte Otto und stieg die Stufen voraus. Die Pforte war nur angelehnt. Otto nahm Gudruns Arm, denn nach den ersten Schritten schon blieb Gudrun stehen und wagte nicht weiterzugehen. Sie fühlte sich plötzlich wie verzaubert. Dämmrig war es rund um sie her. Aus dem gedämpften Licht hoben sich Arkaden in langen Reihen heraus. Ein Bogen gab dem anderen die Hand, und zu beiden Seiten wurden immer neue Arkadenreihen sichtbar. Buntes Licht fiel aus der Tiefe durch die Bogen hindurch, während aus der Höhe des Mittelschiffs ein heller Schein das Gewölbe erfüllte.

Sie gingen auf Zehenspitzen weiter, denn dicht vor ihnen kniete eine Frau, das Einkaufnetz neben sich, und betete mit erhobenen Händen. In der Ferne flackerten dünne Lichter und jetzt trat zwischen den Arkaden eine kleine Lampe heraus, deren Flamme durch rotes Glas schimmerte.

Otto führte Gudrun am Arm weiter. Er mußte sie ein bißchen stützen, weil sie noch immer nicht wagte, fest aufzutreten. Es war so still und feierlich in der Kathedrale, daß man nur leise atmen konnte, aus Besorgnis, der Atem könnte hörbar werden, und die Andacht stören, die gleichsam unter dem hohen Gewölbe des Daches wohnte.

Daß es irgendwo auf der Erde etwas so Wunderbares geben konnte, hätte Gudrun nie gedacht. Man fühlte sich auf eine wunderliche Weise einbezogen in das Vorwärtsschreiten der Arkaden zu dem fernen Ziele hin, das der große Altar war.

Jetzt waren sie bis an die Stelle gekommen, wo das mittlere Kirchenschiff seine Arme ausbreitete. Otto bog mit Gudrun zur einen Seite ein und wandelte mit ihr langsam an den bunten Fenstern entlang zurück: Hier war das Gewölbe nicht so überwältigend hoch, es dehnte sich in Sternenform über dem äußersten, niedrigeren Seitenschiff aus, und zwischen den bunten Fenstern, die rote und gelbe, blaue und grüne Tupfen auf das dunkle Gestein der Arkaden warfen, waren kleine Altäre aufgebaut, mit Lichtern und frischen Blumen geschmückt.

»Nun hast du eine der größten Kirchen des Nordens gesehen«, sagte Otto, als Gudrun tief aufatmend wieder draußen stand und den Blick noch einmal nach oben wandte, um wieder das feine Gewebe des Turms vor dem blauen Himmel anzuschauen.

»Nun, du sagst ja nichts?« fragte er nach einer Weile.

Gudrun hatte soeben gedacht, daß sie niemals im Leben vergessen wollte, wie geheimnisvoll schön es in der Kathedrale gewesen war. Immer wieder wollte sie an den gewaltigen Raum denken, der einem beim ersten Schritt schon in sich aufnahm, an die langen Reihen der Arkaden, an das gedämpfte Licht dahinter, an die Stille, die dort zu Hause war. Mußte man nicht gut und glücklich sein, wenn man an etwas so Schönes denken konnte?

Otto blieb noch ein Weilchen geduldig neben Gudrun stehen, dann schritt er mit ihr auf einen kleinen Laden zu, hinter dessen Fenster viele, viele Primeln standen, gelbe und braune, rote und weiße. Manche Primeln hatten helle Augen in einem dunklen Ring, andere in einem hellen Kranz einen dunklen Stern. In einer breiten braunen Tonschale steckten bunte Primelsträußchen so dicht bei dicht, daß die Schale wie ein blühendes Frühlingsbeet aussah.

Sie gingen hinein. Otto ließ sich von der freundlichen alten Frau die Tonschale aus dem Fenster reichen und wählte daraus so viele bunte Sträuße aus, bis Gudrun ein kleines Primelbeet zwischen den Händen hielt. Als sie wieder draußen waren, entdeckte Gudrun unter den vielen Blumenköpfchen eine Blüte, die einen besonders tiefroten Farbenton hatte. Sie sah aus wie dunkler, kostbarer Sammet.

»Die nehme ich nachher heraus und hebe sie mir zum ewigen Andenken auf«, sagte sie und ließ Otto die dunkelrote Blüte bewundern.

Otto nickte zustimmend.

»Ich habe auch eine Blume als ein Andenken aufgehoben. Du sollst sie nachher sehen«, lachte er über Gudruns erstauntes, neugieriges Gesicht. Doch zuerst haben wir etwas anderes zu tun, und darauf habe ich mich schon den ganzen Morgen gefreut. Ich will mit dir auf flämisch essen gehen.«

Er führte sie durch eine schmale, krumme Gasse, in der nur engbrüstige Häuser standen. Jedes war immer ein wenig höher oder niedriger als seine Nachbarn. Und überall wimmelte es von Menschen, von Kindern, alten Frauen und Matrosen. An einer Ecke war eine Menschenansammlung am Straßenrand. Dort wurden aus einem Wagen gekochte Schnecken verkauft und an Ort und Stelle gleich gegessen. Wie sehr Otto Gudrun auch ermunterte – an diese Speise wagte sie sich doch nicht heran; sie schob sich aus der Menge heraus.

»Da liegt der Markt«, sagte Otto und zeigte auf das Ende der Gasse, die in einen hell von der Sonne beschienenen Platz einmündete. »Aber zuerst gehen wir hier hinein.«

Er nahm sie wieder unter den Arm und führte sie neben einem Beischlag einige Stufen hinunter in einen großen Raum, dessen Licht aus halbhohen Kellerfenstern hereinkam. Helle gescheuerte Tische standen dort, in der Mitte war ein Herd, vor dem ein Koch mit einer weißen Schürze beschäftigt war.

»Hier ist ein schöner Platz«, Otto steuerte auf eine Ecke zu.

»Du weißt so gut Bescheid, als wärest du hier zu Hause«, sagte Gudrun bewundernd.

»Ein Seemann ist auch überall wie zu Hause«, antwortete Otto. Aber seine Worte klangen eigentlich nicht so, als wäre er darüber stolz.

Das Flämische, von dem Otto gesprochen hatte, war eine tiefe Schüssel, aus der sich ein Berg schwarzer Pfahlmuscheln erhob. Dazu gab es schneeweißes, lockeres Brot. Und wie gewaltig in ihrem Ausmaß die Schüssel auch war, es dauerte nicht lange, da mußte man schon in ihre Tiefe schauen, um sich neu zu versorgen.

»Gefällt es dir hier, Gudrun?« fragte Otto, als die Schüssel leer war. »Wir hätten auch in ein feines Hotel gehen können, aber dort finde ich es immer kalt und ungemütlich. Hier fühlt man sich gleich heimisch, nicht wahr?«

Gudrun nickte eifrig und sagte, daß es hier fast ebenso schön sei, wie in Santa Cruz mit Vater in der Gaditana.

Otto strahlte, als wäre ihm ein hohes Lob zuteil geworden, und sagte: »Nun kommt aber erst das Beste!«

Der Koch brachte eine weiße Form, aus der ein hellgelbes Schaumgebilde bis über den Rand stieg. Und dieser Auflauf, der einem sofort auf der Zunge zerging, war wirklich das beste, was man sich denken konnte! Wie gesättigt beide eigentlich schon von den Muscheln gewesen waren, von dieser köstlichen Speise durfte nicht ein Restchen in der Schüssel bleiben!

»Nun ruhen wir uns noch eine Viertelstunde aus, und dann gehen wir zusammen durch die Stadt«, schlug Otto vor.

»Du mußt den Markt und das schöne Rathaus sehen, dann weiß ich noch ein paar prächtige Bürgerhäuser, die ich dir zeigen möchte.«

Gudrun hatte den Primelstrauß zu sich herangezogen und suchte die sammetfarbene Blüte, die sie sich zum Andenken an diesen wunderschönen Tag aufheben wollte. Sie meinte, man müßte sie am besten gleich pressen, damit sie ihre Farbe behielte.

»Gib sie mir«, sagte Otto, als Gudrun die Blüte nachdenklich zwischen den Fingern drehte. »Dabei kannst du auch gleich mein Andenken sehen.«

Er zog seine Uhr und ließ den dünnen Deckel aufspringen. Darunter lag auf dem mattgoldenen Untergrund etwas Blaues.

»Weißt du, was das ist?« lachte er und ließ Gudrun genau hinschauen.

»Ein Veilchen!«

»Stimmt! Weißt du aber auch, wo es gestanden und geblüht hat?«

Warum fragte Otto so geheimnisvoll? Veilchen blühten zu Hause überall. Ja, gerade jetzt mußten zu Hause die Veilchen blühen. Unter der Hecke im Garten, auf den Wiesen, am Deich und in der verwilderten Ecke hinter dem Hühnerstall, wo sie immer besonders dicht standen.

»Du kannst dir bestimmt nicht denken, wo dieses Veilchen gepflückt worden ist, obwohl du dabei warst. Doch ganz dabei warst du eigentlich nicht«, lächelte er.

»Wann war ich denn dabei?«

»Oder auch nicht ganz dabei, könntest du sagen!«

»Jetzt willst du mich foppen, Otto.«

»Nein, bestimmt nicht!«

»Wann war das denn?« Gudrun schaute die kleine gepreßte Blüte an, als sollte sie ihr leise ihr Geheimnis verraten.

»Vor noch gar nicht langer Zeit«, sagte Otto.

»Du hast mich ja zum Besten!« Gudrun lehnte sich in ihren Stuhl zurück.

»Nein, Gudrun«, sagte er ernst.

Und da Gudrun ihn immer ungläubiger anblickte, sagte er, während er die Uhr wieder zurücknahm und nun selbst die kleine, blaue Blüte anschaute: »Das war auf dem Pik, am Hang des Tino.«

Wie unglaubhaft es klang, schließlich mußte Gudrun Otto glauben, daß am Tino, zwischen den rötlichen Lavabrocken, Veilchen wuchsen und sogar blühten. Otto hatte schon auf seinem ersten Pikritt Veilchen dort gefunden, und jetzt, als er die letzten Schritte zu Gudrun emporgestiegen war, hatte er die kleine Pflanze entdeckt und diese eine Blüte mitgenommen.

»Dann hast du eigentlich kein schönes Andenken«, sagte Gudrun nachdenklich.

»Doch«, erwiderte Otto ernsthaft, »für mich ist das ein gutes Andenken. Aber nun gib mir deine Primel. Ich lege sie zum Pressen unter den zweiten Deckel. Wenn wir in Bremen sind, bekommst du sie wieder.«

Gudrun war noch immer ein bißchen beklommen, während sie zuschaute, wie sorgsam Otto die kleine Blüte in den Uhrdeckel legte und vor dem Zuklappen darauf achtete, daß sich kein Blättchen verschob. Für Gudrun trat das Wunderbare, das unter dem Krater des Pik zwischen der Lava Veilchen blühten, vor der Erinnerung an ihr Erlebnis am Tino zurück. Noch einmal überkam sie der Schauer der Angst und des Grauens in der nächtlichen Morgenstunde auf der schwindelnden Höhe. Wie hatte sie versuchen können, gegen Ottos Willen und allein den Anstieg zu wagen! Die furchtbare Angst war gewiß nur eine verdiente Strafe dafür gewesen, diese Strafe kam ihr jetzt zu milde vor. Viel härter hätte sie für ihren Ungehorsam und ihre Unbedachtheit bestraft werden müssen!

»Du bist ja so still«, sagte Otto verwundert.

»Ich muß wieder an den Morgen denken«, sagte Gudrun ehrlich.

»Es ging ja gut ab —«

»Ich glaube, Otto, wenn du nicht so bald gekommen wärest, wäre ich abgestürzt. Denn mir war so schwindlig und angst, daß ich mich nicht mehr halten konnte.«

»Aber im letzten Augenblick bin ich ja gekommen«, tröstete Otto.

»Daß du mich überhaupt noch leiden magst«, sagte Gudrun leise und beschämt.

»Du warst es doch, die m i c h nicht leiden konntest«, lachte Otto vergnügt.

»Ich wußte ja nicht —« fing Gudrun unsicher an.

»Daß dieser gräßliche Schulmeister doch ein guter Kamerad sein könnte«, ergänzte Otto.

»Ja«, gab Gudrun offen zu.

»Das ist nämlich überhaupt seine beste Eigenschaft«, sagte Otto.

»Ich will auch ganz, ganz anders werden, Otto.«

Er nickte. »Wenn du eine rechte Seemannsfrau werden willst, mußt du zuverlässig sein und dich im Zaum halten können. Auf eine Seemannsfrau muß man sich verlassen können. Wenn der Mann vor der Ausreise sagt, wie er es zu Hause haben möchte, muß er gewiß sein, daß es auch so geschieht. Eine rechte Seemannsfrau muß auch ihre Kinder in diesem Sinne erziehen, zumal der Vater ihr dabei nicht beistehen kann.«

Gudrun stimmte wortlos zu.

»Denk mal an deine gute, zuverlässige Mutter. Auf die kann dein Vater sich in allen Stücken verlassen«, fügte Otto hinzu.

Nun nickte Gudrun eifrig, denn Mutter war eine rechte Seemannsfrau! Gewiß die beste, die man sich überhaupt denken konnte!

Sie waren ein bißchen lange am Tisch sitzengeblieben, aber noch war Zeit genug, durch die Stadt zu gehen. Sie standen auf dem Markt zwischen lauter Ständen mit Fischen und Blumen, sahen sich die Giebelhäuser der Zünfte und das riesige alte Rathaus mit den behelmten Dachluken über den langen Fensterreihen an. Sie blickten in den grünbewachsenen Hof eines Gebäudes, in dem sich die erste, weltberühmte Buchdruckerei befunden hatte. Sie entdeckten auf ihrem Wege immer neue Schönheiten und Sehenswürdigkeiten. Besonders prächtig waren die Türen der alten Häuser mit Schnitzereien und Säulen, mit gemeißelten Ranken und in Blei eingefaßten kleinen Scheiben. Und immer schaute der Turm der Kathedrale über die Dächer hinweg, so leicht und zart und hoch, als wollte er geradeswegs in den Himmel steigen. Er stand genau so über der Stadt, wie über Teneriffa der Pik.

Gudrun blieb plötzlich stehen. Ihr war etwas eingefallen. Durfte sie Otto wohl fragen?

»Weißt du noch, Otto«, begann sie unsicher, »als wir damals auf der Brücke standen und nach dem Tino Ausschau hielten?«

Otto nickte: »Ich entdeckte ihn zuerst.«

»Kannst du mir sagen, was du dir gewünscht hast und was in Erfüllung gehen soll?«

»Gut, ich will es dir jetzt sagen, aber es muß unter uns bleiben. Ich habe mir etwas sehr Großes gewünscht. Ich habe mir eine rechte Seemannsfrau gewünscht!«

Heimkehr

Sonst hatte Gudrun immer hinter der dicken Linde an der großen Straße gestanden und dort gewartet, bis der Omnibus kam, der Vater bringen sollte. Bei der Haltestelle drängten sich zuviele Menschen, und sobald der Omnibus bei der Kirche um die Ecke bog und langsamer fuhr, liefen manche die letzten paar Meter schon neben dem hohen, roten Wagen einher, um in die Fenster zu winken und möglichst als erste an der Tür zu stehen, durch die die Ankommenden mit ihren Handtaschen und Netzen, Decken und Koffern stiegen. Dann war solch ein Geschiebe, daß man in dem Augenblick, wenn Vater oben am Tritt sichtbar wurde, zurückgestoßen werden konnte. Außerdem konnte man Vater im Gedränge nicht richtig begrüßen.

Darum war es viel schöner, man hielt sich abseits und sah dem Trubel von ferne zu.

Drinnen im Wagen war es überdies auch nicht anders. Alles schob sich durch den engen Gang, und oft wollten zwei Menschen zur selben Zeit auf den hohen Tritt steigen und verhakten sich mit ihrem Handgepäck dabei.

Aber Vater drängte nie. Vater trat gleich zurück, wenn hinter ihm einer ungeduldig wurde und nicht zu warten verstand.

Darum war Vater immer unter den letzten. Hatte er die Hand am Türgriff, schaute er sich schon von oben nach allen Seiten um. Stand er unten, blickte er wieder suchend aus, bis Gudrun hinter dem Baum hervortrat und auf ihn zulief. Gleich hellte sich sein Gesicht auf, er stellte seinen Koffer ab und schon hielt er sie in den Armen.

Natürlich wußte Vater, daß Gudrun hinter der dicken Linde Posten faßte, doch stets tat er so, als hätte er es wieder vergessen. Darum war die Überraschung jedesmal wieder gleich groß.

Aber dieses Mal war alles ganz, ganz anders! Gudrun saß neben Vater im Omnibus, und kaum war der Wagen um die Ecke gebogen, entdeckte sie unter ihrem Fenster zwei Köpfe, jeder mit auf dem Rücken hüpfenden, hochgebundenen Zöpfen. Das waren Grete und Hannelore, die am Kirchhügel gewartet hatten und nun im Galopp neben dem Wagen herliefen. An der Haltestelle sah Gudrun Mutter unter der Menge stehen, Mutter, die Vater sonst immer erst vor dem Hause erwartete. Jetzt reckten Grete und Hannelore sich auf die Zehen und trommelten ungebärdig vor Freude gegen die Fensterscheibe, hinter der sie saß. Wie verändert sahen beide Freundinnen mit ihrer komisch erwachsenen Frisur aus!

Endlich stand Vater auf. »Nun sind auch wir an der Reihe«, sagte er und ließ sie vorangehen.

Gudrun fiel beim Aussteigen Mutter fast in den Arm. Wie freute Mutter sich! Mutter sah vor Freude ganz jung aus. Einen Veilchenstrauß hatte sie in der Hand. »Der Garten läßt dich grüßen«, lachte sie und zog Gudrun noch einmal an sich. »Es war so einsam zu Hause ohne dich!«

Alle Leute im Dorf schauten Vater und Mutter und Gudrun nach, und Gudrun nickte und grüßte nach allen Seiten und wußte gar nicht, wie schnell sie den Kopf immer wieder drehen sollte. Überall gab es Neues festzustellen. Lehrers hatten einen frischgestrichenen Zaun, und beim Kaufmann war eine neue Tür eingesetzt worden. Ging da nicht der kleine Hannes vom Gärtner und trug mit wichtiger Miene eine Schiefertafel unter dem Arm? War Hannes inzwischen etwa schon in die Schule gekommen?

Gudrun kam es so vor, als wäre sie eine Ewigkeit von Hause fortgewesen!

»Na, weißt du, Gudrun, unsere neue Klasse —« Grete blieb stehen und schlug die Augen hoch. »Das muß ich dir gleich erzählen«, fing sie eifrig an, aber Hannelore gab ihr einen Puff. »Laß doch jetzt den dummen Schulquatsch! Laß erst mal Gudrun erzählen! Sag mal, Gudrun, sieht es in Teneriffa wirklich so aus wie auf den Postkarten? Da gibt es Kamele? War es denn furchtbar heiß? Heißer als vor dem Backofen beim Ausstecher backen? Bist du auch nicht ein bißchen seekrank geworden? Hattet ihr mal solchen Sturm, daß ihr beinahe Schiffbruch erlitten habt?«

Da trat Großvater an die Gartenpforte und rief schon von weitem Gudrun den alten Seemannsgruß zu »Woll to seihn!« Auf den Gudrun, wie es sich gehörte, ebenso laut und fröhlich antworte: »Danke, ick meen't ok so.«

Und Gudrun vergaß Grete und Hannelore, um Großvater entgegenzulaufen und ihm zuzurufen, daß sie auf der Rückreise als Flunki,[20] als richtiger Flunki gefahren sei. Das wäre das Allerschönste von allem gewesen.

Kaum saßen sie zu Hause rund um den Tisch, mußten auch Mutter und Grete und Hannelore in aller Ausführlichkeit hören, dass von der großen Reise in die weite Welt nichts so herrlich gewesen sei, wie bei Vater Flunki zu sein.

»Stellt euch mal vor —« Gudrun ergriff die Vase mit Blumen, Mutters kostbare Vase, und nahm in die andere Hand den Untersatz aus Porzellan. »Also jetzt macht die »Argos« so —« Gudrun rutschte mit beiden Gegenständen, ohne auf Mutters ängstlichen Mahnruf zu achten, vom Stuhl in die Knie. »Und dann macht sie so!« Gudrun legte sich langsam auf eine Seite und hielt dabei Vase und Untersatz möglichst hoch. »Nun anders herum, aber ganz, ganz langsam.« Gudrun drehte sich auf der Erde um. »Und jetzt geht es immer noch tiefer herunter — aber das kann man hier ja nicht machen. Ganz, ganz tief geht es, weiter herunter, dann

[20] Anderer Name für einen Schiffssteward

kommt der Eckstein, gegen den wären wir jedesmal um Haaresbreite gestoßen. Endlich steigt die »Argos« wieder hoch —« Gudrun erschien mit rotem Kopf in Tischhöhe, ohne auch nur einen Tropfen Wasser aus der Vase vergossen zu haben. »Aber das ist alles noch nicht richtig«, sagte sie und setzte Vase und Untersatz wieder auf ihren Platz. »Denn die »Argos« stieg bergehoch, und alles stieg natürlich bergehoch mit.«

»Na, na«, lachte Großvater und nahm seine Pfeife aus dem Mund.

»Stimmt, stimmt«, nickte Vater belustigt.

Mit einem dankbaren Blick auf Vater sagte Gudrun:

»Wenn hier ein Schaukelstuhl wäre, wie bei euch im Wohnzimmer, Grete — du, da mache ich es euch mal vor und zwar mit einem Tablett, einem vollen Tablett natürlich — aber die Tabletts bei uns in der Pantry waren viel größer als unsere hier, die waren so—o—o groß«, sie breitete beide Arme so weit auseinander, daß nun Vater die Pfeife aus dem Munde nahm und seinerseits »Na, na« sagte.

»Grete!« rief Hannelore plötzlich triumphierend aus, »du hast die Wette verloren!«

»Welche Wette?« fragte Gudrun neugierig.

Da lachte Hannelore nur und nestelte schnell die Spange los, mit der sie ihre beiden Zöpfe nach oben geklammert hatte. Und obwohl Grete ihr ängstlich abwinkte, rief sie:

»Grete hat nämlich neulich gesagt——— und darauf haben wir gewettet ——— denk bloß, Grete hat behauptet, wenn du eine so weite Reise gemacht und soviel von der Welt gesehen hättest, kämst du als vornehme, gezierte Dame zurück, noch gezierter, als Doktors Luise, nachdem sie nur mal vier Wochen in Berlin bei ihrer Tante gewesen war. Und damit du nicht ebenso hochmütig wie Luise auf uns herabsehen könntest, wollten wir uns wenigstens die Haare erwachsener machen. Übrigens sagte Grete sogar einmal —«

Grete sprang auf und wollte Hannelore den Mund zuhalten, aber Hannelore wehrte sich.

»Grete sagte sogar«, lachte sie, »auf solch einer Seereise verlobten sich alle immer gleich! Aber auf etwas so Dummes habe ich gar nicht erst gewettet!«

»Das habe ich aber mal gelesen«, verteidigte Grete sich ein bißchen beleidigt.

»Im Leben ist es manchmal ganz anders, als es in den Büchern steht«, sagte Gudrun überlegen. »Du solltest auch erst mal als Flunki fahren, Grete, dann weiß man nämlich Bescheid, wie es in der Welt zugeht.«

Mutter hatte eine Schale Kuchen hereingebracht, obwohl das Abendbrot schon in der Küche zum Auftragen bereit stand.

Gudrun griff gleich zu und nahm in jede Hand ein Stück. Mutters Platenkuchen schmeckte viel besser, als Muscheln und Oliven, Schaumauflauf und Tintenfisch zusammengenommen. Selbst Tüdels Abschiedstorte mit dem Schokoladenkrem, die er zwischen Antwerpen und Bremen gezaubert hatte, kam da nicht mit.

»Sag mal, Gudrun«, fing Hannelore plötzlich an, »wie war es denn eigentlich auf dem Pik? Davon hast du überhaupt noch nichts erzählt. Immer redest du nur von der Pantry und von deiner weißen Jacke mit den goldenen Knöpfen und von den Fächern für das Geschirr.«

»Das hat auch am meisten Spaß gemacht«, sagte Gudrun.

»Du warst wohl gar nicht auf dem Pik«, forschte Hannelore. Da sagte Vater:

»Gudrun, du vergißt ganz deinen Koffer mit den schönen Sachen, die wir mitgebracht haben!«

Der Spiegel zwischen den Fenstern war nur schmal. Gudrun und Grete und Hannelore drängten sich davor, weil sie sich gern mit den neuen Strohhüten gemeinsam sehen wollten. Und was stellte sich heraus, nachdem die herrlichen, fremdartigen Sachen, Gudruns Lackkästchen, Gretes feiner Korb, Hannelores blaue Emailleschale und Mutters Decke, an der sie sich gar nicht sattsehen konnten, die Runde gemacht hatten und begeistert bewundert worden waren, — was stellte sich heraus, als nun auch Vater seinen Koffer aufmachte?

Vater zog drei kleine, japanische Seidentücher hervor und legte sie Gudrun und Grete und Hannelore um den Hals. Jedes war mit einem anderen Muster bemalt; Vater machte drei Lose, und die Tücher wurden unter den Freundinnen ausgelost.

Schließlich geschah etwas, was Mutter ein stilles, frohes Lächeln entlockte.

Gudrun schaute sich im Zimmer um, nahm plötzlich ihren großen Hut ab und trug ihn hinaus. Sie kam mit einem Tablett zurück und stellte die geleerte Kuchenschale darauf. Auch Vaters und Großvaters Aschenbecher setzte sie dazu. Sie holte den kleinen Krümelbesen und fegte das Tischtuch ab. Schließlich sagte sie zu ihren Freundinnen: »Ehe ich das Abendbrot hereinbringe, tragen wir schnell Vaters und meine Koffer hinauf, packen alles aus und legen es ordentlich weg. Ich will euch mal zeigen, wie ein Flunki das macht!«

Grete und Hannelore waren gegangen. Das Abendbrot hatte prachtvoll geschmeckt, zumal Mutter den Heimkehrern zu Ehren einen Schinken angeschnitten hatte. Dann ließ Gudrun sich ohne Widerspruch in ihr kleines Giebelzimmer hinaufschicken. Der Tag war so erfüllt von aufregenden Erlebnissen gewesen, daß sie ehrlich müde geworden war.

Auf der Mahagonikommode, dem Bett gegenüber stand ein Veilchenstrauß und erfüllte den ganzen Raum mit seinem Duft. Daneben hatte schon der goldbestäubte Lackkasten seinen Platz gefunden. Gudrun nahm ihn noch einmal in die Hand, betrachtete ihn langsam und hob dann behutsam den Deckel an. Drinnen lag, in Seidenpapier eingeschlagen, die dunkelrote Primelblüte. Immer sollte sie dort liegenbleiben, wie Gudrun sich auch von diesem Kästchen niemals im Leben wieder trennen wollte.

Das Bett war schon aufgeschlagen. Mutter hatte auch die Gardinen schon geschlossen. Gudrun zog sie zurück und machte das Fenster auf. Sie lehnte sich hinaus und blickte in den lichten Frühlingsabend. Kein Ästchen rührte sich. Die Bäume mit ihrem jungen Grün standen reglos vor dem hellen Himmel. Auf dem First des benachbarten Rohrdachhauses saß eine Drossel und wippte mit dem Schwanz. Dann hub sie zu singen an. Sie sang ein kurzes Lied, das viele Strophen haben mußte, denn immer von neuem setzte sie wieder ein und wiederholte die Melodie. Dazwischen schien auch sie in die Abendstille zu lauschen.

Die kühle Luft hatte einen feinen Duft von junger Erde und frischem Grün. Gudrun konnte sich vom Fenster nicht trennen. Sie spürte auch keine Müdigkeit mehr. Sie war wieder so frisch, wie nach einem Bad in der See. Wie schön ist unser Dorf, dachte sie, und wie herrlich ist es, zu Hause zu sein. Hier stehe ich, ging es ihr durch den Kopf, ich bin Vaters und Mutters Gudrun, bin vierzehn Jahre alt und habe mit Vater eine große Seereise gemacht. Nun sind wir glücklich wieder heimgekommen. Und alles war so wundersam schön! Alles — ja, auch das Schlimme war jetzt nicht mehr schlimm. Es lag kein Stein mehr auf dem Herzen, denn Otto hatte alles wieder gutgemacht. Otto war ihr bester Freund geworden!

Wo mochte Otto jetzt wohl sein? Er war an Bord geblieben, um die »Argos« in die Werft zu begleiten. Er hatte sich selbst dazu angeboten, damit Vater mit ihr nach Haus fahren konnte. Vater konnte nun eine ganze Woche lang zu Hause bleiben. Das hatte Otto gewiß nur ihr zuliebe getan. Und Otto war nicht ein bißchen böse auf sie, obwohl sie ihm soviel Not gemacht hatte! Konnte sie Otto nicht wenigstens eine ganz, ganz kleine Freude machen?

Mutter war leise in das Giebelzimmer gekommen.

»Du liegst ja noch nicht, Kind?« sagte sie und trat auch an das Fenster und schaute neben Gudrun hinaus.

»Ich bin so glücklich, daß du gesund wieder zurückgekommen bist«, sagte Mutter. »Und noch froher bin ich, weil du —« Mutter zögerte ein Weilchen, dann sagte sie fragend, »weil ich glaube, daß du anders geworden bist, und daß es nun besser für uns beide werden wird. Ich glaube auch, daß du mich nun auch ein bißchen mehr verstehst. Ja?«

Gudrun nickte. Sie nickte noch einmal deutlich und schmiegte sich an Mutter an.

»Denn ich meine es immer nur gut mit dir«, sagte Mutter »So gut, wie mit keinem anderen Menschen auf der Welt.«

»Ja«, sagte Gudrun leise. »Ich war früher nie so, wie es richtig war, Mutter, und wie man sein muß, wenn man eine Seemannsfrau werden will. Auch unterwegs war ich nicht immer so, Mutter. Ich habe — ich habe nämlich — aber Otto ist im letzten Augenblick dazugekommen und hat mich gerettet. Otto war immer gut zu mir, Mutter. Wenn er kommt, will ich ihn fragen, ob ich dir nicht doch alles erzählen darf. Und wenn er kommt, mußt du, bitte, für ihn einen großen Kuchen backen.«

* * *

Reisetagebuch 1926

Vor der Ausfahrt
Antwerpen, Ende April
Eines Morgens wacht man nach einer ganz still dahingeglittenen Nacht am Eingang des Hafens von Antwerpen auf. Grasgrün leuchten die Ufer, irgendwo ist der Flieder aufgeblüht, und in dem weißlichen Morgendunst steht mattgrau und verschwommen der Kathedrale einziger, unvergleichlicher Turm. Das Frachtschiff liegt mitten im Fahrwasser still. Vor ihm liegen bereits, ganz so wie daheim auf der Friedrichstraße die Autos, genau in der Mitte die Schiffe ähnlicher, doch meist imposanterer Art und warten seit dem letzten Abend darauf, daß ihnen die Schleuse geöffnet wird. Das vorderste Glied dieser endlosen Reihe taucht seinen riesigen pechschwarzen Leib mit dem Mennigestreifen schon in den Morgendunst ein.

  Es ist an diesem Tage fast haargenau zehn Jahre her, daß ich Antwerpen zum ersten und einzigen Male sah. Damals geschah das auf dem ortsüblichen Wege durch den prunkvollen Gare du Sude. Diesmal fährt einem ein Frachtschiff, das weit in den Süden soll, in die Docks dieser Stadt. Einmal stand man an einem gleichen diesigen Frühjahrtage irgendwo an ein Gitter gelehnt und sah auf Wasser, das still lag und stumm. Das sollte der Hafen sein. Diesmal wächst an einem langen seltsamen Tage ein Hafen riesengroß vor einer verschwimmenden Stadtsilhouette auf, wächst und wächst nur, bis schließlich Masten und betende Arme der Krahne, Schuppen und rauchende Riesenschornsteine die Stadt, der sie angehören, restlos verschlingen.

Hafen und Dock sind für den, der sie als ein geduldetes Beiwerk in einer Welt, die nur aus Konnossementen und Ballen und Tonnen und Kisten besteht, so erleben darf, eigentlich nur noch ein schwaches Wort. Frachtenwelt möchte man sagen, Frachtenwelt zwischen zwei anderen Welten, dem Land und der See. Alle Länder und alle Schiffe der Meere gleiten hier aneinander vorbei, bis zum Berühren nah, bis auf den Meter der Breite und Länge berechnet, bis auf die Minute bestimmt in der Aufenthaltszeit. Gegen den matten Himmel flattern die Fahnen in allen Farben, ergraut und verraucht oder triumphierend frisch, ganz wie die Leiber darunter, die sich so hungrig und riesenhaft aus dem Wasser erheben, vernarbt und zerschunden sind, so daß selbst die Mennige ihre Leuchtkraft verlor, oder von glänzendem Schwarz oder leuchtendem Grau.

Die Frachtenwelt von Antwerpen ist ein unübersehbares Labyrinth. Docks führen in kurzen und langen Armen, breiten und schmalen, in jeglicher Richtung hin. Jeglicher letzte Ausläufer ist bereits mit den Oberlandkähnen und Zillen erfüllt, die wie Sardinen in einer Büchse tuchfühlend in dichten Reihen liegen. Kähne aus Basel, vom Oberrhein, von der Maas. An den Kais reihen sich dann die Frachtdampfer auf, Bug an Heck, Heck wieder an Bug. In der Mitte der Fahrwasser aber wird noch gepackt und gekohlt.

Um die hölzernen schwimmenden Bojen spannen sich dauernd wechselnde Verbindungen und Beziehungen heterogenster Elemente durch ineinander verschlungene Trossen an. Der letzte Lotse, der endlich an den Kai bringen soll, legt dort zuerst seinen Kahn an. Die Händler aus Warschau, die an die Schiffsoffiziere seidene Strümpfe im Reisekoffer, an die Mannschaften in schmierigen Bündeln getragene Kleider verkaufen wollen, warten vom Prahm aus, an dieser Boje befestigt, auf ihren psychologischen Moment. Ein platzloser Leichter klammert sich an einer wildfremden Eisentrosse fest, nur die Rheinschiffer haken sich geruhsam an den Bordwänden dieses bunten Schiffsparks bis in ihren entlegenen Dockplatz hin. Unverändert bleibt auf Stunden der schwimmende Kohlenkahn in jedem Wasserarm, dessen greifende eisernen Fäuste taktfest knatternd und staubend die ewig hungrigen Schiffsleiber betreuen.

Endlich liegt man, in eine Decke gehüllt, auf dem Vorschiff, dem einzigen Platz, der sich nicht zu einem gähnenden Schlund öffnen kann, den ersten Tag seines Daseins im Dock an Deck. Irgendwo hinter den Schuppen liegt jene Stadt, die man morgens im Nebel sah. Unfern fährt sogar ein wackliger Omnibus von den Docks in die Stadt, aber man bleibt wie gebannt in dieser neuen Welt. Man geht in seine Kabine wie in sein eigenstes Reich. Man hat auf dem kleinen Schreibtisch unter dem Fenster, durch das man die schwingenden Tonnen an Ketten vorübergleiten sieht, die Bücher in Reihen aufgestellt, die Bleistifte hingelegt, sogar das Tintenfaß aufgemacht, als gäbe es niemals Sturzsee oder gar Tanzen des Raumes und klirrendes Glas. Aus dem geöffneten Fenster klingen die Laute dieser veränderten Welt. Ketten von Krahnen, rollende Winden, ein Pfeifensignal, Pitchenenglisch des Negers, als Ruf zu den Männern tief unten im Raum — Hundegebell und Kinderschrei ist auch dabei. In unserem Schatten hat sich eine Zille festgemacht, an ihr hängt schon die zweite, die dritte sucht noch einen Halt. Dann wird es still. Der Abend kommt.

Matrosen, nur noch mit der Hose bekleidet, rennen, das Handtuch unter dem bunt tätowierten Arm festgeklemmt, schnell über das Deck. Auch auf den Zillen beginnt in einem Kübel das menschliche Scheuerfest, denn jetzt ruht die Stadt. Aus dem Vorschiff treten neue Menschen und bürsten unzählige Male den weichen Hut, dessen Band doch die Flecken nicht mehr verliert, sehen hundertmal an sich entlang und zupfen hier und da noch ein Stäubchen vom Rock. Ferne rumpelt wieder der Omnibus. Der nächste muß aber der ihre sein.

Dann wird es Abend. Dann wird es Nacht. In dem Ausläufer des Docks glühen nur noch aus undefinierbarer Dunkelheit Lichter aus Zillenfenstern heraus. Von den Lastkähnen blendet jeweils ein einziges, weißes Licht, und sein Spiegel tanzt wieder gespenstisch in neuem Abglanz auf einer anderen Schiffswand entlang. Hoch oben am schwarzen Himmel glüht noch das Doppellicht eines Krans, der keine Feierzeit kennt und wie ein Donner drohend von Ferne rollt. Unter den Bogenlampen am Kai aber werden die grauen, langweiligen Schuppen zu dieser Stunde wie transzendent. Die Lampen locken auch noch die toten Kolosse all der verlassenen Frachtschiffe unter ihrem Schein hervor, auf denen nur eine einsame, schweigsame Wache mit schwerem Schritt auf- und abgehen muß. Doch da, wo aus einer weitgeöffneten Kojentür noch ein breiter Lichtschein fällt, klingt auch der krähende Ton eines Grammophons. Daheimgebliebene, denen der letzte Franken fehlt, trösten sich diese verlorene Nacht mit der gleichen Musik, zu der man jenseits der Docks jetzt in den Lokalen und Hallen zum letzten Male tanzen kann, ehe die Langfahrt beginnt.

Zu den »Glücklichen Inseln«
Tenerife, im Mai

Vom Schiff aus, als am Morgen des Ankunftstages der Pik von Tenerife wie ein spitzer Hut hoch über der weißen Passatwolke stand, dann, als die Berge Klippen gleich über den Schaumrand der Brandung schwarz und verwildert wuchsen, war alles Erwartung, ohne bestimmte Form. Allein der Wunsch stand fest, diese neue Welt, die die »glücklichen Inseln« heißt, zu fassen, zu greifen.

Doch man kann die Berge nicht mehr mit dem Blick umspannen, wenn man nun wirklich an ihrem Rande steht, nicht den erkalteten Lavastrom, der beinahe weiß in der Sonne leuchtend vom Kraterrand bis an die Küste reicht, auch nicht mehr das Meer, wenn man den Hafen erreicht hat, und am weitesten fern bleibt das Land, das der Fuß selbst berührt, ein breites Tal mit seinen Plantagen und Wasserrinnen, und mit den niedrigen Blöcken, die Häuser sind. Das alles kann man mit einem Male niemals umspannen. Man kann aber auch die Augen nicht schließen und sieht sich wund und weh an solch einem ersten, ganz fremden Tag. So zieht man gewissermaßen geängstigt das Blickfeld ein, sucht einen Ausschnitt und eine Nähe, um schrittweis die Fremde zu finden.

Vor dem Haus, das auf halber Höhe liegt in Gestalt eines flachen Daches mit einer Veranda ringsum, ist vor der terrassenförmigen Platanera mit ihrer Tomatenzucht ein Garten gebaut. Aus all den Steinen und Lavabrocken, die hier auf der Insel die Erde birgt, wird der Boden geebnet, und dann reicht es noch zu Mauer und Wall um jegliches Stück angebautes Land. Hier wachsen die einzelnen Bäume und Palmen so hoch, ranken sich alle Schlinggewächse soweit empor, daß die Enge entsteht und die einfach Uebersehbarkeit, die man sucht; denn hier blühen Blumen, und Blumen sind immer nah.

Über die Steinwälle stürzen gefüllte Geranien in brennendem Rot und bräunlichem rosa Ton, Klettergeranien, die fest umrandet und scharf gefaltet sind. Darüber hinaus hängt ein Strauch fast armlange weiße Blüten in Tubenform. Sie werden hier von den Kanariern nur »Heilige Nacht« genannt. Ihr Duft schwebt wie eine kleine betörende Wolke unter dem weit geöffneten Kelch. Feuerfarben tragen die Büschel des Strauches, der sich nach einem Engländer umständlich Browallia Jamsonii nennt. Feuerfarben, gesprenkelt nur und getigert zugleich sind runde Glocken mit langem Klöppel zu seiner Seite. Und dann ist eine Phloxart da, mit nur je ein bis zwei riesigen weißen Blüten, und Nelken in altem Rosa und Tangofarbe und tief violett. Und der Kaktus blüht braungelb in seiner hoch aufgerichteten prallen Blüte, altrosa aber, wenn er von einer Mauer hängt. Altrosa können auch die Winden hier sein, oft aber sind auch ihre Trichter ganz blau. Rosen gibt es und Löwenmaul und blendende Lilien dazu, Heliotrop und Salbe, und ringsum in dieser freiwillig eingeengten Welt tun sich immer mehr fremdartige Blüten und Sträucher auf.

Es winkt in den seltensten, niemals geschauten Farben, es duftet in einem Wohlgeruch, wie man ihn niemals zuvor empfand. Darüber steht tiefblau der Himmel, blendet so unerhört hart das Licht. Man sitzt hier wie mitten in einem Orchester bei der Symphonie, in einem Orchester, das aberhundertfach besetzt worden ist, sitzt umgeben von Glocken und Tuben, Trompeten und Flöten, in einem Rausch von Farben und Duft.

Ganz fern geben Himmel und Meer sich einer restlosen Verschmelzung hin. Bergwände, wie von innen her leuchtend, schauen hoch über Baum und Strauch. Und wenn man das alles gesehen, schließt man erfüllt und erschöpft seine Augen, und hört im ersten ruhigen Augenblick nichts als den Wind, der durch Mispeln und Araukarien rauscht, wie daheim im Wald.

Doch nur in dem ersten Augenblick scheint es so, als wäre man wieder daheim. Dann hört man schon lauter als dieses die Stimmen der fremden Welt. Mädchen und Knaben, die jetzt zu sinkenden Abend mit ihrem Korb auf dem Kopf nach Haus von der Platanera ziehen, singen, wie man es niemals zuvor gehört. Die Töne sind langgezogen, brechen dann kurz ab und schrillen ganz unvermittelt wieder empor. So beinahe sang der Neger, der an Bord die Wäsche wusch, als der Süden kam. So singen Menschen, für die der Gesang um ihrer selbst willen geschieht, die nicht den Tönen folgen, sondern jeweils dem Ansatz allein.

Am meisten aber erlebt das Ohr in der ersten Nacht. Durch die weit geöffnete Tür des Zimmers, das keine Fenster kennt, das hoch und unglaublich dickwandig fast wie eine Höhlenwohnung erscheint, das ein Raum ist, der kein Ersatz für das Draußen sein soll, sondern ein Gegensatz — durch die weit geöffnete Tür dieses Zimmers sieht pechschwarz der Himmel mit all seinen nahen, strahlenden Sternen hinein. Unten braust eine fremde, kleine Stadt. Zuerst begreift man das seltsame Brausen nicht. Mal scheint es von einer Meeresküste zu sein, wo die letzte Dünung steht, mal ist es wie ferner Jahrmarktsrausch. Die Stimmen dringen durch diese trockene, klare Luft in einem ganz fernen und doch nicht gedämpften Chor empor, dazwischen ein helles Lachen, ein Ruf. Der Esel schreit und der Hund bellt, ein Maultier treibt man mit langgezogenem A-Bu in das Tal, und plötzlich ist alles vom Meckern der Ziegen erfüllt.

Rund um das Haus in den Gärten schrillen die Grillen in ewigem Tremolo, so hoch, so laut und so klar. Und es rauschen die Wasser vorüber. Wasser in diesem Land ist gemünztes Gold. Es rauscht in einem schmalen, gut auszementierten Bett, das hoch auf den Bergen in einem tief eingegrabenen Quellschacht beginnt. Es rauscht in den Rinnen, die wie ein fein ausgesponnenes Netz von Garten zu Garten, vom Feld bis zur Platanera gehen.

Jetzt tutet ein Dampfer auf See. Die Stimmen der kleinen Stadt sind langsam versiegt. Nur die Grillen und dieser seltsam verhaltene Wasserklang bleiben sich gleich durch die ganze Nacht. Es kann aber auch noch geschehen, daß weit vor der Morgenstunde plötzlich das Singen wieder beginnt. Dann geht irgendwo in der Platanera einsam ein Mensch. Er darf nur des Nachts das fließende Gold über sein eigenes Land rieseln lassen, zu Tagesstunden sind größere Herren in seinem Besitz. Und während das Wasser durch seine Rinnen rauscht, singt auch er ...

Die Weiber am Brunnen
Kanarische Inseln, im Mai
Es ist eine seltsame Sache, daß man so oft hier auf den Kanarischen Inseln an Hamsun denkt. Zuerst begreift man das nicht, woher das wohl kommt, denn Menschen und Land haben nichts mit der Welt Hamsuns zu tun. Dann kommt man dahinter, daß all diese Klarheit und Helle, der unerbittliche Wirklichkeitssinn, der in diesem Norweger wohnt, hier über dem Land liegt, und wer aus sich selbst heraus diesen Sinn nicht mit ihm teilt, lernt dennoch mit seinen Augen zu sehen, kraft dieser Sonne und Kraft dieses Lichts. Ich habe den Titel von einem von Hamsuns Büchern gewählt. Er liegt so nahe, und man denkt sich nichts weiter dabei, darf es auch nicht, denn der Brunnen hier hat mit dem Hamsuns durchaus nichts zu tun.

Ueber dem kleinen Küstenort liegt der Brunnen wie eine eigene, mannigfaltige Welt. Waschen kann man bei ihm, Wasser schöpfen und Tiere tränken. Er gibt zu allem für alle das Wasser her, das Wasser, das auf den kanarischen Inseln »die Seele« heißt. Wasser ist Lebensodem in jedem Ding. Doch das Wasser ist rar, eine Kostbarkeit, ein Wertmesser für den Besitz, ist fließendes Gold, das man sich kaufen kann, pachten und leihen. Man erwirbt sich sein Wasser für Bruchteile einer Stunde, meist nur nach Minuten gezählt, und das nicht etwa täglich: nur vierzehntägig hat man seine Wasserzeit. Fünfzehn Minuten Wasser zweimal im Monat, einmal tags, das andere Mal nachts, ist hier so gut wie eine Aktie daheim, die sichere Dividende gibt.

Oben im Hochgebirge hat man Stollen gebaut zu Quellen, die tief im Gestein verborgen sind. In einer schmalen, fein auszementierten Rinne fließt dieses Wasser bis in das Tal hinab, wo der Ort liegt. Doch da schon, wo auf unbewohnten Höhen durch einen Terrassenbau Felder angelegt sind, Stufen mit Mais, Stufen mit Zwiebeln, Stufen mit Wein, wachsen der Rinne die ersten Arme an. Dem Tal zu gibt es bereits ein unendlich versponnenes Rinnennetz. Es führt zu jedem Garten, zu jedem Haus, zu jedem Stück Land. Doch nur in der Hauptader rauscht der Strom, die anderen Adern dürfen nur jeweils zu ihren Zeiten geöffnet werden, um an dem fließenden Golde beteiligt zu sein. Aus der Hauptader aber, die dicht an der Häuserreihe mitten durchs Dorf fließt, darf jeder in einem bescheidenen Maße Wasser entnehmen zum Hausgebrauch.

Soviel allerdings nur, wie jeweils ein Becher faßt; hemmen oder verstopfen darf man den kleinen Strom nie.

Für alles andere ist der Brunnen da. Dort ist ein großer, mit Mauern umgebener Platz, über die rotgelbe Kaktusblüten sehen. Zuerst springt das Wasser der großen Ader durch speiende Mäuler in fünf kleine Becken hinein. Aus diesem Strahl füllt man sein Wassergefäß. Dann rauscht es weiter in einen rechteckigen tiefen Trog. Dort halten die Eseltreiber und Maultierführer, die Feldarbeiter auf ihrem Weg in die Berge hinauf und auf den Weg zurück und tränken ihr Vieh. In einem richtigen Sturzbach springt dann das Wasser in eine gedeckte Rinne und weiter in einen besonders ummauerten Platz, ergießt sich in einen steinernen Waschzuber dörflicher Dimension, läuft dann um diesen Zuber noch einmal in einem breiten Kanal rings herum und fängt sich dann wieder in seinem gewohnten Bett für den Weg hinunter zum Ort. Zwischen dem Zuber und dem Spülkanal führt eine steinerne Waschbank entlang, die vom Waschblau gefärbt ist. Hier klopft man die Wäsche, zuletzt wirft man sie zu Bergen über den steinernen Rand.

Zuerst kann es einen ein wenig grausen, zu sehen, daß Wasser zum Trinken und Kochen all diese Stationen passiert. Dann sieht man ein, daß es nicht anders geht, wenn das Wasser »die Seele« heißt und fließendem Golde im Werte gleicht. Zudem strömt es mit so großer Heftigkeit wieder die enge Rinne herab, daß Seife und alles, was sonst noch in diesen Brunnen gerät, bis zur Unmerkbarkeit verteilt werden können.

Herrlich ist es auf diesem Brunnenplatz, so wirklich, so unsentimental. Das Rauschen und Plätschern des Wassers ringsum macht auch die Weiber so froh, die täglich vom ersten Sonnenlicht an aus dem Dorf heraufziehen, die Körbe voll Wäsche hoch auf dem Kopf, den Rücken so gerade, die Füße leicht, obwohl sie meist weder jung sind noch schön, sondern vertrocknet von all der Sonne und faltig vom Licht. Es wird natürlich geklatscht und gelacht, doch der Spaß geht erst los, wenn Männer kommen, das Maultier zu tränken. Dann fliegen die Worte, die Flüche, die spanisch so lebensbedrohend klingen und doch niemals mehr sind als ein Scherz.

Ueber den Steinwall nicken die breiten Hüte der Frauen, wehen die Tücher, klatscht sich die triefende Wäsche an. Oftmals hebt plötzlich eines der alten Weiber wie ein gequetschtes Blechinstrument seine

Stimme ganz laut. Sie singt kein Lied in unserem Sinne, man kann auch nicht einmal den Tönen folgen, man kennt hier unsere Ordnung in ganze und halbe Töne nicht. Doch das seltsame Singen, das weit über das Land dringt, gehört zu dem Licht, das über allem liegt. Beide sind hemmungslos ausgestrahlt in den Weltenraum.

Nun muß man nicht glauben, daß, wie auf den Oeldruckbildern daheim, die spanischen Frauen in bunten Gewändern den uralten Tonkrug mit phantastischen Formen und Henkeln zum Brunnen tragen. Die Zeiten sind lange vorbei. Jetzt braucht man das Blech. Das Blech ist Symbol für die Ausbreitung industrieller Kultur durch die Welt. Kanister und Blechbüchsen haben das Tongefäß abgelöst. Sie sind zu Wasserkrügen geworden und zum Behälter für Mehl, sie sind auch Blumenkübel und Blumentopf. Sie stehen im Hofe von jedem Haus, auf jeglichem Dachrand und über das Firmenschild einer Benzolfabrik hängen üppige Nelken und Fuchsien herab. Sie werden an Stelle des Tonkrugs, so wie sie der Kramladen geliefert hat, den Deckel nur sauber ausgeglättet, zum Brunnen gebracht.

Vielleicht kommt auch hierher einmal eine Zeit, wie sie zum Beispiel auf Marken in Holland herrscht, wo man die Nase der Fremden zur Wetterfahne gemacht, also, daß Pfarrer oder sonst eine Autorität die Kleidung und die Gebräuche der Leute kunstvoll mumifizieren, damit der Fremde den Oeldruck aus seiner guten Stube wiedererkennt. Hier ist es aber so weit noch nicht und man segnet jedes Blechgefäß auf dem Kopf, weil es recht ist und an seinem Platz.

Solch eine alte, vertrocknete Frau, die im schwarzen Kleid über der goldbraunen Haut ihren schweren, blanken Kanister mühsam auf den Stoffkranz auf ihren Kopf hebt und nun den abschüssigen Weg vom Brunnen zum Dorf hinunterschreitet, den Nacken so gerade, mit leise wiegendem Schritt, ist ganz einfach schön, wenn man lernt, das Wirkliche einfach zu sehen — und das lernt man hier.

Vom Drachenbaum zum Meer
Kanarische Inseln, im Juni
Vor meiner Tür steht ein Drachenbaum. Es ist zwar nicht der berühmte, den man in Jeod sieht und auf jedem Bilde fast, das von der Insel gemacht wird, es ist aber dennoch ein jüngeres Mitglied des Pflanzengeschlechts, das man auf keinem anderen Festland der weiten Welt finden kann. Der Drachenbaum vor meiner Tür hat einen hellen, horizontal geringelten Stamm. Sein wirrer Schopf beginnt sich am Wirbel sichtlich zu teilen. Er hat auch den Platz, der seiner Bedeutung entspricht, in mitten einer erhöhten Rabatte, wo Wein unter einem Spalierdach steht und die Stockrose blüht und das Löwenmaul und ein Kaktus dazu, alle in rosarot. Dahinter fallen terrassenförmig Tomatenplantagen herab, jetzt sind sie kahl und die goldbraune, steinige Erde ist noch vom Pfluge geteilt.
Was für seltsame Pflugscharen man hier auf den Inseln hat! Der Pflug ist ein riesiges hölzernes Horn, vor das man ein Eisenblech schlägt; denn der Boden ist nichts anderes als Stein neben Stein, Stein über Stein, und riesige Ochsenpaare kämpfen sich schrittweis voran. Für die Tomaten und Zwiebeln und für die Kartoffeln gräbt man die größten Steine heraus und nimmt sie zum Terrassenbau. Der Wein aber wächst aus einer Steinwelt heraus, kaum, daß man die Erde zwischen den alten, knorrigen Stämmen sieht.
Und wie man hier drischt! Auf dem steinigen Boden wachsen die Aehren ja nur wie gezählt. Man kann sie mit keiner Sense schneiden. Man greift sie bündelweis mit der Hand und schlägt sie mit einer Sichel auf halber Höhe ab. Zur Tenne gebraucht man ein steingepflastertes Rund, dort schüttet man alle die Halme hin, und nun wird gedroschen, doch auch dies nicht auf unsere Art. Man hat zum Dreschen ein tischgroßes Brett, das von Nägeln starrt. Auf das Brett kauern sich einige Männer als Schwergewicht hin, und man läßt es von Ochsen so lange über die runde Tenne ziehen, bis die Halme zu Häcksel gemahlen sind. Dann kommt der Bauer, so wie im Alten Testament schon beschrieben steht, und sondert mit Hilfe des Windes vom Weizen die Spreu.
Unter den frischgepflügten Tomatenplantagen, auf den Terrassen geht der Weg vom Ort zu den Bergen hinauf, wo noch überall bis gut tausend Meter Höhe Felder und Weinplantagen angebaut sind. Sie legen sich treppenartig um jeden Felsenrücken herum, und steht man an ihrer

Grenze, dort wo der seltsame Piniengürtel unter den nackten Canadas wächst, die den Krater umgrenzen, so sieht man hinunter auf goldgelbe Stufen mit Wein, sieht weiter unten die Weizenfelder, den Mais, und schließlich den Ort, der sich zur Küste neigt, bis zum Strand.

Auf diesem Weg, den Agaven begleiten und Pencas — das ist jener Kaktus, der daheim eine Zimmerzier, hier aber nur Nährboden für die Cochenillelaus ist —, ziehen vom frühen Morgen bis spät in die Nacht die Wasserträgerinnen, die Maultiere und Esel mit ihren Treibern vorbei. Hier schleppt man in Bündeln auf dem Kopfe das dürre Holz, das man aus dem Pinienwald holt, hier schwanken Berge von Grünfutter und von der blühenden Spartochtisus, Retema genannt, über dem nickenden Pferdekopf und wedelnden Pferdeschwanz vorbei.

Die ersten Häuser des Ortes liegen noch zwischen Feldern verteilt. Doch ein Feld hier ist niemals so groß wie ein Feld bei uns, es hat nur ein Vorgartenformat, trägt auf der kleinen Fläche aber vielfältige Frucht. Umsäumt ist fast jedes Besitztum mit Wällen von Stein, die man dem Feld entnahm, und manchmal sind graubraune Steinberge wie Füße von einer Pyramide aufgebaut, so sauber und so quadratisch ist Steinblock an Steinblock gefügt. Da haben noch Sklavenhände und Sklavenrücken die Arbeit getan.

Quadratisch ist auch der Häuserbau. Als weißer Klotz, mit weißem Dach, das ein Rand umgibt, wo man sitzen kann, wenn es Abend wird, und wo tagsüber Kürbis und Mais in der Sonne liegen, so steht hier Haus neben Haus. Manchmal ist auch noch ein richtiger Wassertank da, tief eingegraben und hoch aufzementiert. Von oben sieht es wie ein Fleckchen Himmelblau aus, das still zwischen dem Dächerweiß und dem Feldergrün und dem Kaktusgrau steht.

Mit geraden weißen und vereinzelten roten Dächern schließt sich im harten Sonnenlicht wie zweidimensional der Ort. Ab und zu sieht man die Palmenkrone des Dattelbaumes und das breite Haupt einer alten Feige zwischen den Häusern stehen. Der helle Kirchturm mit seinem dunklen Basaltrand und der Uhr ist auch nur wie hingezeichnet in klare Luft. Durch den Fuß des Glockenturms sieht man gerade hindurch, und wenn seine Glocke so schnell und so hell und so unfeierlich zu springen beginnt, dann raufen sich an dem Strange die Jungens, die in Chorhemden gekleidet das viel begehrte Amt des Glöckners versehen.

Ehe die Küste kommt, breiten noch einmal Felder und Weiden sich aus, und wiederum leuchtet dazwischen das Himmelblau, doch diesmal von ganz gewaltigen Wassertanks aufgefangen, die für den ganzen Ort angelegt sind. Dicht vor dem Strand aber ist es, als bäumte das Land sich zum letztenmal auf, ehe es versinkt. Ganz aus der Tiefe stieg Widerstand gegen den Ozean auf, das Festland warf sich in Aschenkegeln empor, die wie riesige Sandberge gelbgrau vor dem tiefblauen Wasser stehen.

Wenn es ganz klar ist, sieht man über den runden Kegelköpfen am Horizont, der so ungewohnt hoch hier erscheint, den Umriß der Insel Gran Canaria in grau, sieht selbst, wie das Sonnenlicht auf Dächern aufblinkt, und den gewaltigen Einschnitt in die Berge zur Küste hinab, den das Wasser der Regenzeit in Jahrhunderten riß.

Solch ein Flußbett, das man Baranco nennt, trennt auch hier zwiefach im Westen das Tal von dem Bergrücken ab, der wie eine schroffe, nur wenig zerklüftete Wand, einem Tierrücken gleich, den Blick in die Weite verschließt. Jetzt sind die Barancos leer, und ihr glattgeschliffener, schieferfarbiger Stein ist wie ein gefrorener Wassersturz, in dessen Furchen und Sprüngen vereinzelte Pflanzen blühen.

Gen Osten dagegen ergießt sich in zwei getrennten Strömen der tiefschwarze Lavafluß, den ein Kraterausbruch vor fast zweihundert Jahren hinunter zur Küste warf. Der eine Lavastrom erreichte beinahe das Meer, der andere blieb schon auf halbem Wege im Tal. Zerklüftet, beinschwarz und doch fast weiß, wenn die Sonne brennt, sind diese Ströme von weitem wie ein Protest gegen jegliches Leben und Wachsen und Blühen zu schauen. Doch wenn man nahe kommt, sieht man, wie schon die Flechte grau und zersetzend über den Lavaschaum kriecht, und wie in den Falten und Schluchten Farnkraut seine zackigen Blätter gegen die einstmals alles vernichtende Masse preßt und sich reckt.

Ginster auf Teneriffa
Teneriffa, im Juni
Eigentlich müßte über diesem Artikel stehen: »Der Pik«, »Der Pik von Teneriffa« oder »Der Riesenvulkan im Ozean«, doch die Angst, das geheime Grauen, das einen gepackt hat, als man am obersten Kraterrand dieses Vulkans stand, unter der glühenden tropischen Sonne, im beißenden Schwefelgeruch, unter sich eine ganz ferne, versinkende Welt, deren letzter Grund Wolken sind und das Meer, die mitten in sich eine Insel tragen, graues, dunstiges, zerrissenes und farbloses Land, dieses Grauen lebt noch zu stark. Es ist so, als dürfte man überhaupt nicht von diesem Wahrzeichen der Natur, der Warnung einer Gewalt, die man zu leicht in ihrem letzten, unwiderruflichen Spruch vergißt, erzählen. Allein der Gedanke an sie kann sein wie ein Schlag, wie Betäubung, wie ein Druck, von dem man sich niemals mehr ganz erholt, da er das Ich traf, das eigene kleine an seinem empfindlichsten Punkt, an der Selbstherrlichkeit.

Darum laßt uns zuerst von den blühenden Sträuchern reden, von dieser kleeduftenden Ginsterart, die in kugelförmigen Büschen riesengroß in der Nähe, Moospolstern gleich, wenn sie fern am Aschenkegel erglüht, das unübersehbare, 2.000 m hohe Plateau erfüllt, das Canadas heißt, und das nichts anderes ist als ein endloser Kratergrund, den in weitem Umkreis berstende, zackige Felsenränder umgeben. Aus diesen Canadas erhebt fast einmal so hoch noch der Pik, goldgelb von der ältesten Lava, die den offenen Leib der Canadas ausgefüllt hat, schwarz gefleckt von der jüngeren, die sich darüber ergoß, und rein in der goldgelben Farbe steht auf ihm fast wie ein Hut eine Spitze, der letzte Aschenkegel, dessen Krater noch raucht.

Oder laßt uns noch lieber von den Maultieren sprechen, von dem langen Zug mit Reittieren und mit Packtieren im Gänsemarsch, der von der Küstenstadt Orotava in Morgenfrühe gebildet ward, und von dem Aufstieg durch grünes, bebautes, bewohntes Land. Die blühende Retama in den Canadas am Pikfuß kommt dem Pik selbst schon so erschreckend schnell nahe.

Auf kopfsteingepflasterten Wegen geht es durch die obere Orotavastadt hinauf. Aus den Häusern mit altem Schnitzwerk unter dem vorspringenden Dach, auf den kleinen Fensterladen, die sich nach oben ein wenig aufklappen lassen, sehen überall Frauen oder zum mindesten aufgelehnte Arme heraus. Die Augen, die zu den Ellenbogen gehören, bleiben vom Schatten des Ladens verdeckt. Bei den letzten Häusern macht der Zug halt, und man reicht den Führern und Treibern den selbst gekelterten roten Wein. Sie haben vor sich einen noch endlosen, mühseligen Weg. Dann kommen nur noch die Strohhütten und Laubhütten am steilen Hang, wo Rosen und Margueriten blühen und die Hähne krähn, und nun geht es aufwärts in Serpentinen durch einen wahrhaften Erikawald. Im Ort schien die Sonne. Jetzt liegt die Passatwolke nebelgleich um den Zug. Die Führer haben sich an die Maultierschwänze gehängt und lassen sich ziehen. Lorbeerbäume kriechen dunkel aus dem Wolkennebel heraus, der Ginster blüht goldengelb. Man sieht noch so weit, daß die Welt im Umkreis nur nach Minutenritten gemessen werden kann, und der Ritt durch Wolken und Wald währt eine lange, lange Zeit. Doch als die glattgewaschenen, stahlblauen Steine eines trockenen Sturzbaches unter den klappernden Maultierhufen hell widerhallen, wird es plötzlich am Himmel licht, und über den Wolken erwacht wie mit einem Schlage die neue, die zweite Welt hoch über der alten, die lange versank. Tiefblau ist der Himmel, die Wolken unten sind einer leise gewellten Schneedecke gleich, die alles verhüllt, was vordem einmal Wirklichkeit, Lebensraum war. Immer noch blüht der Ginster zwischen den Steinen an knorrigen Stämmen, aber man achtet ihn nicht, denn fern, hoch, von der Sonne wie lichtumschlungen, steht der gelbgraue Kegel des Pik.

Die Retama blüht. Ihr Boden ist goldbraun von verwitterter Lava, sie knirscht unter dem Huf. Aus dem trockenen Kies strecken die Büsche die dünnen Arme wie Strahlen in Sternenform. Um ihre weißen und roten Blütenfinger zittert von allen Seiten das Licht. Bergwände, immer wie leise um einen heimlichen Mittelpunkt angeordnet, ragen schwarz und faltig und wie geschmolzenes und wieder erstarrtes Gestein empor, und die Sonne brennt. Sie brennt den Tag über mit gleicher Glut, als stände sie über dem Hochplateau still. Sie wirft keine Schatten, als wäre Sonne der ganze, tiefblaue weite Himmelsraum. Gegen Mittag kriechen Menschen und Tier unter einen Retamastrauch, und alles wird still, auch die Augen, der Kopf. Und wie der Zug wieder wandert, auf einem Pfad, den in der goldbraunen Lava die Tiere kaum sichtbar getreten haben, zwischen Aschenkegeln, immer an blühender, leuchtender, duftender Retama vorbei, an Klötzen, die, haushoch, häuserhoch, wie

Blei in der Sonne glühn, ist es ein Ritt durch die Wüste, über der eine unbekannte Hand ihr Zeichen aufgerichtet hat, den Pik.

Niemals glaubt man, ihm nahe zu sein, ihm nahe zu kommen. Die Lava hat sich zu Bergen, zu Weiten getürmt. Der Ring der Canadas liegt weit schon zurück und zäunt eine Lava- und Aschenwelt ein. Ein weißer Berg richtet sich vor dem Pikfuß auf und dann wird es schwarz, glühend und zitternd schwarz und zerklüftet, verwittert. Die Serpentine zum Pik setzt ein. Die Treiber haben die Tiere am Halfter genommen und ziehen sie über Steine und rollende Lava die kurzen Windungen bergan. Man sieht nicht hinauf, man sieht nicht zurück. Man starrt auf den steilen, schmalen Weg, auf jede Biegung, bei der sich das Maultier in sich selbst zu zerbrechen scheint, auf seinen unermüdlich nach oben strebenden Kopf, fühlt die aufwärtstastenden Hufe und das Ziehen der eigenen Last. Gegen den blauen Himmel richtet sich wie ein vielfacher Schrei der Lavasturz. Man sieht nicht vor, nicht zurück. Vielleicht, daß das Auge noch unbewußt faßt, wie der unendlich gewundene Weg selbst schwarz von der jüngeren Lava geworden ist, der wiederum durch die gelbe Asche führt. Nur nicht nach oben sehen, nur nicht zurück, und selbst wenn der Blick zurück in die Weite fällt, wo blaue Wolken sind oder blaues Meer, verdunkelt das Auge sich einen Augenblick.

Die Schutzhütte steht auf beinahe 3.000 Meter Höhe auf einer schmalen Stufe des Pik. Ihr Dach ist langgezogen und rund und fast bis zum Boden dick mit Zement bedeckt zum Schutz gegen Sturm und Schnee und rollenden Stein. Die Maultiere haben hier einen dunklen Stall, die Treiber einen strohbeschütteten Raum, wo aus Steinen an einer Wand eine Kochstelle steht. Für die Reitenden ist auch noch ein Raum mit Matratzen da, auf denen der Strohsack liegt. Eine Kiste birgt Eßgeschirr. Die Tür gibt Luft und Licht. Doch der Raum ist eiskalt und man wirft sich zuerst bei den Treibern hinein in das Stroh, bis der Rauch von dem Herd in die Augen beißt. Dann hüllt man sich in die Decken zwischen die Säcke ein und wacht fast die ganze Nacht. Durch die Tür sehen die Sterne, die Milchstraße steht nah und hell. Einmal sieht man des Nachts irgendwo unten im Dunkeln Lichter ziehen. Fünf Lichter ziehen gestaltlos des Weges. Menschen reiten in den Canadas entlang.

Der Morgen dämmert, und zu Fuß geht es auf die Spitze des Pik. Die Luft ist so dünn; es weht kalter Wind, und Nachtschatten und Grauen liegt unter jeglichem Stein. Immer noch unerreichbar weit steht der Aschenkegel fast im Zenit, doch man sieht jetzt schon seinen Kraterrand. Der Führer findet zwischen den Lavabrocken im Dämmern den Weg; er steigt wortlos voran, wie etwas Menschenfremdes, dunkel und überlebensgroß.

Nun hat sich der Himmel an allen Farben berauscht, die dieses Auge schaut. Am Fuß des goldgelben obersten Kegels liegt bereits Tag, heller, glühender, brennender Tag, keine Schatten, nur Licht. Noch einmal ist, wie weit unten am Bergfuß, in die rollende, gelbe, erstarrte Asche ein Serpentinenweg ganz flach, wie von Tieren getreten, dann hört alles auf. Man sucht auch nicht mehr, man kriecht, wie nach oben gezogen, senkrecht hinauf; sähe man unter sich, glitte man wohl zurück, so aber greift man instinkthaft fast in den steinigen Boden hinein. Schwefelgeruch in der Luft — unter der Hand wird es heiß, es raucht ganz dünn und fein, und zwischen riesigen Steinen schaut man plötzlich in eine hellgelbe und grünliche Mulde hinein, aus der wie aus eines Rinsentiers weit geöffneten Schlund ein giftiger Atem entrinnt.

Ringsum ist Himmel und Licht. Tief unten, vom Wolkenmeer abgegrenzt, sieht man ein Land, das verstummte Vulkane gebaut. Erster Schöpfungstag! Der Berg vielleicht, auf dem einmal eine Arche sich niederläßt. Weit, weit über der Welt, wo Menschen wohnen, ein neues Erdenreich in dünner, reiner Luft, das schwebend auf Wolken und Wasser ruht. Auf seiner höchsten Spitze atmet es fühlbar und hörbar sein Leben aus, erstarrte Glut, die nicht starb, Kraft, die sich bändigt, so lange es ihr allein gefällt. In ihr Antlitz schauen ist Angst, nichts als Angst und als Grauen.

Zweitausend Meter tiefer steht wieder zwischen den Lavabrocken die weiße und rosa Retama still in der Sonne und blüht, blüht für sich selbst. Sie wächst an erkalteten Kratern hinauf, sie wächst aus der Asche, sie deckt den schwarzen, erkalteten Lavaklotz zu. Sie schließt sich so dicht aneinander, daß sich das Maultier zwischen den Blüten hindurchwinden muß. Sie erfüllt die Sonnenglut mit betäubendem Duft. Sie ist so freundlich und gut, daß man absteigen möchte und in ihr ruhn. Man würde vielleicht durch ihr Blühen von dem Erlebnis des Pik erlöst.

Inselmenschen
Teneriffa, im Juni
Menschen, deren Haut eine andere Farbe trägt, sind ihrem Wesen nach anfangs nicht zu verstehen. Es ist so, als legte der fremdartige Farbenton einen Schleier vor ihr Gesicht. Man fühlt, daß sie irgendwie anders sind, und erfährt nicht, worin dieses Anderssein liegt. Man geht wie zwischen Masken einher, deren Linien und Farben und Formen man wohl erfaßt, von denen man aber nichts anderes weiß und erfährt als den Augenschein.

Dieses Gefühl ist nicht schön, und man erlebt gewissermaßen am eigenen Leib, wie den Menschen auf den Kanarischen Inseln zumute ist, wenn sie uns selbst plötzlich mitten unter sich sehen, und diese Erfahrung ist Europäern unleugbar ein wenig unangenehm.

Für den Kanarier ist alles, was irgendwoher zu ihm über das Wasser kommt, Engländer — »ingles«. Bis weit in den Krieg hinein hat es gewährt, ehe hier und da die Erkenntnis kam, daß es jenseits des Ozeans zweierlei Arten Ingleses gibt, die gegeneinander kämpfen. Dann dämmerte diese Erkenntnis wieder dahin, und heute kann es höchstens einmal geschehen, daß man das Wort von den deutschen Ingleses hinter sich hört.

Die Leute auf den Kanarischen Inseln sind ein seltsames Völkergemisch. Europa und Afrika treffen sich hier, wo rundum das Meer liegt. Ursprünglich wohnte auf diesen Inseln ein Menschenschlag, der »Guanchen« hieß, eine Bezeichnung, die dem Wort »Guan Chenerfe« entstammt, das »Sohn Teneriffas« heißt. Ob diese Guanchen Normannen sind oder Nordafrikaner, steht heute noch aus. Groß sind sie, blauäugig und blond, der Typ ist noch heute vielfach zu sehen. zu ihnen haben sich dann Hamiten gesellt, und aus Südspanien kam ein Einschlag hinzu, so daß die Masken, die man in den ersten Wochen allein um sich sieht, die seltsamsten heterogensten Züge tragen.

Doch eines Tages tut sich ein wenig die Türe auf, die diese fremde, unfaßliche Welt auf der Scheide Europas und Afrikas schließt. Nicht von sich selbst, auch nicht aus eigener Kraft kann das geschehen. Dazu müßte man jahrelang hier auf den Kanarischen Inseln sein, sondern durch Menschen, die lange hier gewesen sind.

An einem Sonntag war eine Gesellschaft, die sich zusammenfand, zum südlichen Strand Teneriffas hinunterzufahren. Man hatte den glühheißen, pechschwarzen Sand, der vom Lavastrom kommt, unter den Füßen gespürt, hatte die trockenen, schillernden Blasen gesehen, die die seltsamen Segelquallen bilden, wenn sie das Meer zwischen die Sterne aufs Trockene wirft, und die Kerzen der Kandelaber-Euphoria gleich hinter dem Strand, die diesem wüstenähnlichen Küstenstrich wie in einem wilden Entsetzen entspringt. Dann war man zum kleinen Hafen gekommen, wo die wenigen weißen Häuserblocks eng umschlungen unter dem glühendem Lichte stehen, und hatte ein Gasthaus gefunden, eine ganz kleine »Fonda« für Fischer und Arbeitervolk.

Die spitze Decke von Zuckerrohrstengeln hing tief herab. An dem einen Tisch saßen zwei Männer beim Dominospiel, von dem Typ fast, wie sie Cezanne einmal als Kartenspielende malte. Sie kümmerten sich nicht weiter um uns. Auch die Alte verschwand, die den sauren und trüben Wein gebracht. Doch vor dem Schanktisch auf Schemeln saßen zwei Kinder, zwei Mädchen, die wohl hier zu Hause sind. Die eine mochte zehn Jahre alt sein, die andere sechs. Sie saßen, die Hände wie tot im Schoße verschlungen, den Kopf so aufrecht und leise zurückgerückt, wie man es nur noch auf alten Familienbildnissen sieht; das schwarze, dichte und sture Haar, bei beiden gescheitelt, preßte sich hinter die Ohren und zwang sie nach vorn. Die Augen aber, das eine Paar durchsichtig grau, das andere vollkommen schwarz, wie aus Stein, waren vollständig offen, hemmungslos und bewegungslos zu uns gewandt. Diese vier Augen waren wie Spiegel, die still auf dem Platze stehen, der ihnen gehört, und die keine Miene verziehen und meinungslos wiedergeben, was in ihr Blickfeld gelangt.

Wir saßen lange am Tisch, vom Wasser müde und von der Luft und dem Licht am Strand. Neben uns waren schon viele Spiele gespielt, und immer von neuem schurrten die flachen schwarzen Steine über den rauhen Tisch. Doch die zwei Augenpaare hatten sich niemals gerührt, auch die Köpfe nicht, denen sie zugehörten, auch nicht die Hände, nicht die Gestalt. Da sagte jemand, der lange auf den Kanarischen Inseln war: »Für diese Menschen hier gibt es nur eine Außenwelt, von sich wissen sie nichts.« Diese Worte waren für mich der erste Schlüssel zu Tür in die ganz fremde Welt. Auf diesen Inseln mitten im Ozean leben die Menschen in ihren Dörfern, in ihren Hütten am Berge, in Höhlen oder wie hier in dem Häuserknäuel dicht an der See, vollkommen erfüllt von dem, was das Auge sieht. Die Helligkeit und die Weitsichtigkeit macht, daß von außen her keine

Frage und auch kein Rätsel kommt, das nach innen greift. Auch das Leben ist wie der Tag, den man sieht, und der Tod ist etwas, von dem man nichts weiß, und der darum unangerührt und interesselos bleibt. Begegnet man einem Menschen, dann ist er da, und geht er davon, ist er wie ausgelöscht. Er ist eine Unwirklichkeit geworden, die der Wirklichkeit schnell unterliegt. Stirbt einer Mutter ein Kind, ist der Jammer grenzenlos, solange die Leiche im Hause ist. Schon im geschlossenem Sarge verblaßt aber das Bild. Männliche Angehörige tragen den Sarg dann rauchend und redend davon. Die Mutter durchlebt noch den Klagetag mit anderen Frauen, dann ist es sehr bald vorbei.

Es kann auch geschehen, wenn eine Frau niederkommt, daß der Mann Freunde, ja selbst entfernte Bekannte, Ingleses, die er zufällig trifft, auffordert, in seinem Haus bei der Geburt zugegen zu sein. Geburt ist Wirklichkeit, sichtbar, greifbares Leben, das er schaut. Wie dem Menschen zumute ist, der sie erleiden muß, davon weiß der Mann nichts und ist doch nicht schlecht dabei.

Auch die Lasten des Lebens sind ungewöhnlich verteilt, und niemand rührt daran oder denkt auch nur, daß daran etwas zu ändern sei. Menschen, für die die Außenwelt alles ist, sind selbst wie Natur und kennen den inneren Zwiespalt nicht, der nicht diesseits ist, kennen auch das Verlangen nach einer wahren Gerechtigkeit nicht. Sie sind, von der einen Seite gesehen, gedankenlos, von der anderen gesehen, selbstlos und groß.

Die Lasten des Lebens trägt hier die Frau, aber sie weiß es nicht, es ist einfache, selbstverständliche Wirklichkeit. Wirklichkeit ist es, daß das Kind, das sie trägt, keinen anderen Schutz im Leben erhält als den, den sie selber ihm schafft. Der Mann geht davon, wenn der Sinn ihm so steht, ihn hält oder zwingt kein Gesetz. Er verschwindet in Nacht und Nebel und wandert aus. Sie bleibt mit dem Haus voll Kinder allein und tut, was getan werden kann, bringt sich und die Kinder schlecht und recht durch. Die Gedanken an den Mann verblassen meist bald, es bleibt kaum einmal ein böser oder ein trüber zurück, denn die Kinder sind um sie, jeden einzigen Tag.

Eine Frau im Dorf hat Kinder, die durch Jahrzehnte im Alter verschieden sind. Zwanzigjährig sind die ersten geworden, am Ende des ersten Jahrzehnts steht das nächste Kind. Das jüngste ist eins. Der Mann verschwand nach den ersten Jahren, wanderte, wie so viele von hier, nach

Kuba in die Tabakplantagen aus. Nach fast zehn Jahren steht er plötzlich wieder vor ihrer Tür, abgerissen, verhungert, verkommen wie nie. Sie hat inzwischen sich und die Kinder weitergebracht. Jetzt sitzt er zu Haus, jetzt ist er da. Sie arbeitet mehr denn je, spart, schafft und kauft ihm schließlich Karren und Maultier dazu. Nun sind sie geborgen, er kann des Nachts, wenn es kühl ist, mit Fuhren über die Berge gehen; das bringt genug für sie alle ein. Eines Morgens aber kommt er nicht wieder aus Santa Cruz zurück. Und später erfährt sie, er hat am Hafen Karren und Maultier verkauft und ist mit dem Gelde wieder nach Kuba fort. Im nächsten Jahr bekommt sie ihr Kind, und wieder geht fast ein Jahrzehnt dahin, und wieder steht eines Tages der Mann vor der Tür, genauso wie einst. Und wieder schafft sie Karren und Maultier herbei, und wieder empfängt sie von neuem ein Kind. Eines Morgens aber kommt der Mann aus der Stadt nicht zurück. Er hat alles zu Gelde gemacht und wandert zum dritten Male aus.

Auf den Straßen der Dörfer sieht man bei Frauen fast niemals Müßiggang. Natürlich wird bei den Brunnen und bei der Mühle geschwatzt und geklatscht, doch mitten am Tage irgendwo vor der Türe am Straßenrand oder auf einer Bank vor der Kirche am Platz sitzt fast immer der Mann unter seinesgleichen allein. Die Frau hat die Kinder, das Haus, die Heimarbeit, sie schleppt auf dem Kopfe drei-, viermal des Tages das Wasser für alle oft einen weiten Weg. Auch wenn es frühmorgens, sobald die Sonne erwacht, weit hinaufgeht in die Berge mit Maultieren, um Futter zu holen und dürres Holz, so ist immer die Frau mit dabei. Auch die Kinder. Schulzwang gibt es hier nicht, und das Kind ist von Anfang an mitten im Leben darin. Es gibt keine Großen- und keine Kinderwelt. Alles ist eins, und alle sind dabei zufrieden und froh. Das Dreijährige, das seine einjährige Schwester am Rinnstein bewacht, hat den Mutterblick. Es trägt das Kleine, es führt es umher, es streichelt ihm voller Zärtlichkeit das verrissene Hemd und jagt ihm die Fliegen fort. Es kennt keine Ungeduld, kennt keinen eigenen Anspruch und Wunsch, kein persönliches Recht. Es sieht nur das Kleinere neben sich, das ist Wirklichkeit und Lebendigkeit für es selbst.

Das Triebhafte dieser Menschen bringt sie auch Tieren merkwürdig nah. Sie scheinen für sie fast den Menschen gleich. Man spricht einem Esel, der unsinnig schreit und sich wild gebärdet, das Schamgefühl ab und hat noch nie einen Esel gesehen, der »solch eine schlechte Erziehung genoß«. Es ist auch noch gar nicht so lange her, da hielt man über die Tiere genau so, als wären sie Menschen, Gericht, verurteilte eine Ziege, die ihren Strick durchgebissen hatte, zur Haft und hielt sie, dem Strafmaß entsprechend, im Stalle fest. Man setzte Esel und Pferde auf Hungerration, wenn sie nach Ansicht der Richter böswillig ihre Pflicht nicht getan.

Vor das Geheimnis, das immer vor jeglichem Leben steht, das kein Licht auflöst, keine Helligkeit und kein Wirklichkeitssinn, stellt sich wie instinkthaft ein Aberglaube auf, der das Unbegreifliche in den Bereich der Wirklichkeit zieht. Die Luft wird z.B. wie eine Art Wesen gefühlt, vor dem man sich schützen muß, da es Krankheiten bringt, und man schützt sich vor diesen Gefahren allein durch ein Armband aus Leder, das man am Handgelenk trägt. Die Luft kommt ein wenig dem bösen Blick gleich, mit dem man ebenfalls unerklärliches Unglück erklärt. An den bösen Blick glaubt man noch heute hier überall fest.

Ein Landarbeiter wurde durch den bösen Blick seiner Schwiegermutter schwer krank. Die spanischen Aerzte gaben ihn auf, da ging er zu einer weisen Frau hin, die wußte Rat. Sie empfahl ihm, sich beim Schuster ein Riemenstück schneiden zu lassen, das dann zusammengenäht über die linke Schulter und unter die rechte Achsel kam. Dieser Riemen war ab und zu während der Arbeit draußen ein wenig zu drehen, bis er vollständig durchfeuchtet war. Dann warf er den Riemen, wie ihm geraten war, naß wie er war, seiner Schwiegermutter mitten ins Gesicht — und wurde gesund. Daß dann die Getroffene dem Kind dieses Mannes erst vor wenigen Tagen aus Rache den bösen Blick zugewandt hat, so daß es erkrankte, ist nur ein weiteres Glied in der Kette der Lösungen, die man dem Rätsel des Menschenschicksals gibt.

Das Seltsamste aber hier unter den Menschen auf diesen Inseln ist die Haltung, die sie zum Leben gewinnen, mit der sie es tragen, mit der jegliches Tun sich erfüllt. Sie kommt nicht von innen heraus, wird von keinem Verstande, von keinem Gefühl und von keiner Erwägung gestützt. Sie ist im Gegensatz zu der Haltung, die wir uns vielleicht erringen, und die ein Kulturprodukt ist, Natur. Sie gibt den Zügen der Menschen die Ruhe und Gelassenheit, die in der ersten Zeit unverständlich, unfaßbar wirkt. Sie ist auch die Kluft, die uns, die Ingleses, von dieser Welt trennt.

Mit dem Bananendampfer
Auf See, im Juli
Jetzt stampft es wieder unter dem Fuß, unter dem Sitz, unter dem Bett. Man ist in die große Wiege gelangt, die heimwärts fährt, heimwärts mit Frucht, die auf den Kanarischen Inseln gedeiht.
Solch ein Fruchtschiff, auf diesem Kurse ist eine Sache für sich. Es kennt nur das eine Gebot: die Zeit, nur die eine Angst, daß die Frucht auf der Fahrt bereits reift. Alles was sonst aus dem Süden, aus Richtung Afrika kommt, geht Madeira an, hält auf Vigo, auf Lissabon oder auf sonst einen Hafen zu, der vor Deutschland liegt. Der Fruchtdampfer aber steckt seine Nase schnurgerade nach Nordnordost und fährt und fährt ohne Verweilen mit einem einzigen Ziel und dem einen Termin: Hamburger Fruchtkai, Hamburger Fruchtauktion. Der Fruchtdampfer trägt seine Nase ganz hoch. Fruchtlast ist leicht, Fruchtlast braucht viel Platz und viel Luft. Nicht der Raum, nein, das Deck ist der begehrteste Ladungsplatz und meterhoch hebt sich der knallrote Messingestreifen über die Wasserlinie heraus.

Von Santa Cruz nimmt einen erst ein kleinerer Dampfer, dessen Ladung noch in den Plantagen geschnitten wird, bis nach Las Palmas mit, wo die Fruchtfahrt beginnt. Wolken haben den Pik und die Insel verhüllt. Das Meer ist graublau, der Himmel bedeckt und nebelhaft steigen die Klippen von Gran Canaria empor. Der Kapitän geht in Morgenschuhen, die Mütze tief über die Stirn auf der Brücke einher, wo nur der Matrose noch hinter dem Ruder steht. Die Lotsenflagge winkt zu der fernen Mole und Reede hin, der Lotse bleibt aus, der Lotse liegt vielleicht noch im Bett.»En beeten nar Stüürbord«, – der Dampfer schiebt sich langsam zur Mole hin.»En beeten nar Stüürbord, en beeten veel Stüürbord«, und gerade wie der Anker auf der Reede fällt, kommt auch der Lotse an Bord.

Die Stadt Las Palmas liegt weit von dem Hafen entfernt, der selbst schon zu einer kleinen Stadt geworden. Hochaufgebaut ist der Kai von der goldgelben Last. Bananen, Bananen! Bananen in längliche Kisten verpackt, dann mit Stroh und mit trockenen Blättern umhüllt, und mit Latten umschlagen, — sind wie ein goldgelber Wall zu beiden Seiten der Mole entlang. Jegliches Auto, jeglicher Karren, jeglicher Wagen bringt gleiche Last. Jeglicher Kranarm hebt bündelweise die Bananenkisten empor. Der Hafen ist von Fruchtschiffen aller Nationen erfüllt.

Bananen werden auf Teneriffa und auf Gran Canaria in großem Stil für den Export gebaut. Ehe die Frucht auch nur halbwegs über der tiefdunklen, kolbenförmigen Blüte, die ihre Blätter über der Fruchthand nach oben rollte, entwickelt ist, sind schon die Hände gezählt, wird über die Traube, über die Abfahrtszeit, den Ankunftstag und über den Auktionstermin disponiert. Die Traube schneidet man grasgrün und steinhart vom Stamm, verpackt sie sofort und läßt sie auf kürzestem Wege zum Hafen gehen. Sie reift auf der Fruchtfahrt noch schnell genug, oftmals zu schnell. Man sichert ihr einen Deckplatz, und kommt sie dennoch hinein in den Raum, läßt man zwischen den Kistenreihen Kanäle frei, durch die auf der ganzen Fahrt Ventilatoren kühlende Luft durch den Laderaum senden.

Als man Las Palmas am nächsten Tage verläßt, schiebt sich das Schiff wie ein hoher, gelber Koloss über die breite Dünung hinaus in die See. Die Wellen heben in langsamem Takt den Bug empor, das Heck senkt sich tief; langsam, ganz langsam rollen sie unter dem stampfenden Fruchtschiff entlang, heben die leichte, unförmige Last mit Wohlbehagen noch einmal an, und dann stürzt der Dampfer herab wie in einen Schacht, kracht, schreit, stöhnt auf und verstummt, steht einen Augenblick wie verpustend still, dann findet die Wiege wieder den alten Takt, tagaus, tagein mit dem gleichen Kurs, nach Nordnordost.

Der Wind aber fängt sich auf Deck in seltsamen Schläuchen ein. Er fängt sich in Segeltuchschächten, die flatternde Arme zur Seite strecken, er bäumt sich in dem geschlossenen Kopfe des Schlauchs, er reißt an den Armen und jagt dann tief in den Laderaum und kühlt die Frucht. Am Tage sehen die Segeltuchschachte wie Puppen aus, wie ein Hampelmann. Doch am Abend werden sie wie ein Mensch, wie ein Mensch wie du und auch ich. Die Füße unten fest gebannt, den Kopf nach oben gereckt, die Arme weit auf. Der Leib aber zittert und bebt und bäumt sich und bleibt doch gebunden, wird niemals frei. Das Leben gibt ihm eine Kraft, die aus Unbegreiflichem kommt. Der Endzweck ist ihm selbst ewig unbekannt. Er scheint ihm groß und erhaben vielleicht, denn er quält sich, als sollte er eine Welt aus dem Nichts gebären, und kühlt doch nur die Bananen unten im Raum. Im Stampfen und Wiegen geht Tag für Tag dahin. Der Himmel hat keine südliche Tiefe mehr, das Wasser wird gelb. Am Abend spielen Europas Farben und Wolken und Meer, und die Sonne braucht lange, ehe sie endgültig sinkt. Von der Bananenlast hat sich das Schiff in einen scharfen Geruch von Stroh gehüllt, in den sich ein leiser, weicher Hauch reifender Früchte mischt. Er streicht über das Deck entlang, wacht unter jeglichem Windstoß von neuem auf. Er dringt in die Messe, dringt in die Kabinen hinein und findet den Weg zum Maschinenraum bis in den Tunnel dicht über dem Kiel, durch den sich weißglänzend die Welle dreht.

Am Abend sitzt eine kleine Gesellschaft im Rauchsalon um den Tisch. Kapitän und seine drei Passagiere knobeln die Runden aus. Dann spielt man ein Spiel, das man auf einem Papierstück entwirft, und der Würfelbecher wandert von Hand zu Hand. Man spricht dem kleinen Teufel mit seinen runden Augen in allen Tonarten zu, auf Hochdeutsch, auf Platt, auf Spanisch sogar, man schlägt ihn hart auf den Tisch, man rollt ihn leise über den Becherrand, er tut was er will. Dann legt man den Becher fort, das Erzählen beginnt, das Erzählen, das nur schwer wieder ein Ende kennt. Nur wenn die Welle den Kiel allzu hart verließ, wenn das Schiff wieder stürzt, wenn es kracht, stöhnt und stille steht, werden die Worte stumm, bis einer erlösend sagt: »Da haben wir wieder mal einen Eckstein glücklich passiert.«

Seltsam weit tut sich die Welt auf, wenn einer erzählt. Diese Fruchtschiffe fahren jahrzehntelang schon die gleiche Fahrt. Spanien, Portugal, die marokkanische Küste mit Stückgut hinab, und dann von den Kanarischen Inseln mit der Frucht geradenwegs wieder nach Haus. Das ist nur ein kleiner, ganz kleiner Teil dieser Welt, doch aus der Zeit auch wächst Menschenschicksal ins Riesenhafte empor. Wen man herausgebracht, und wen man heimholt, wer auf den Schiffen verblieb, als der Krieg ausbrach. Versprengte Deutsche, versprengte Deutsche allerorts auf der Welt! Verschollene, Verlorene, die nie wieder heimgekehrt, die sich verkrochen, von denen zu Haus kein Mensch etwas weiß. Matrosen, die Kaufleute wurden, Kapitäne, die Schreiber bei Leuten sind, die diese Kunst des Schreibens niemals gelernt. Fremdenlegionäre, die sich zu Scharen unter der Ladung verbargen, um heimwärts zu kommen, wenn auch die Strafe aussteht, Menschen ohne Heim, ohne Geld, Deutsche auch, die ganz vergaßen, daß sie es sind.

An einem anderen Abend ein anderes Bild. Der Maschinist sitzt oben am Tisch und der zweite Steuermann. Man spricht davon, wie es auf der

Fahrt war, als der Krieg ausbrach. Was diese Menschen alles erzählen können, wieviel Bilder in ihnen leben, wieviel Menschenschicksale, alles heute noch so lebendig wie vor einem Jahrzehnt! Am liebsten denken sie daran zurück, wie man versuchte, nach Deutschland zu kommen. Unter den Flaggen der ganzen Welt machten sie ihre Fahrt, als Matrose, als blinder Passagier, als Idiot, alles war recht. In einer Hütte, unter der Holzladung eines Neutralen gebaut, als Trimmer in England, durch alle Kontrollen, durch alle Sperren, im Ruderboot über das Mittelmeer, im Segelboot durch den Kanal, nach Haus, nach Haus, und dann an die Front!

Das Fruchtschiff stampft und wiegt sich. Bug hoch, Heck hoch, Schraube heraus, ein Zittern, ein Dröhnen, auch die Biskaya ist noch von »Ecksteinen« voll. An der Reeling, an Deck wachsen die Salzkristalle an, in den Luftschläuchen saust und knattert der Wind.

»Wenn Engel zur See fahren, lacht der Himmel«, sagt manchmal abends der Kapitän. »Ist denn diesmal kein einziger Engel mit an Bord?«

Anhang

Bananendampfer

Heute kommen Bananen in speziellen Kühlschiffen nach Europa. Damals war das anders. 1902 hatte Gustav Scipio in Bremen seine Fruchthandelsgesellschaft gegründet, im gleichen Jahr wurde in Bremerhaven der erste Bananendampfer gelöscht. Die leicht verderbliche Ware brachte aber ein hohes Transportrisiko mit sich.

Laeisz gründete 1912 im Hamburg die Afrikanische Frucht-Compagnie, 1914 kamen mit den ersten beiden Bananenkühlschiffen »Pionier« und »Pungo« Kamerun-Bananen nach Hamburg.

Die weitere Entwicklung unterbrach der Erste Weltkrieg. Nach Kriegsbeginn wurde die »Pungo« in Wilhelmshaven zu einem Hilfskreuzer für die Marine umgerüstet und fuhr als SMS »Möve« unter Graf Dohna, der 1915/1916 mit seinen beiden Fahrten im Atlantik 39 alliierte Handelsschiffe aufbrachte und versenkte.

Nach 1918 erlaubten die Siegermächte 1925 den Rückkauf der Plantagen in Kamerun, 1929 begann der Bau reiner Kühlschiffe, einer eigenen Bananenflotte. 1939 wurden aus Kamerun 3,6 Mill. Büschel Bananen verschifft. Der Zweite Weltkrieg unterbrach dann dieses einträgliche Geschäft erneut.

Nach 1945 setzte der Neubau von Kühlschiffen erst 1955 wieder ein. 2003 lief das erste Bananenvollcontainerschiff vom Stapel.

Gunther Plüschow

Gunther Plüschow (1886–1931), dessen Familie auf den Erbprinzen Friedrich Ludwig zu Mecklenburg (1778–1819) zurückgeht, wurde Ende 1914 als Marineflieger bekannt, als er in letzter Minute vor den Japanern mit seiner »Etrich Taube« aus dem belagerten Tsingtau entkam. 1925 unternahm er seine erste Südamerika-Expedition, die ihn nach Chile, Peru und Ecuador führte. Mit seinem in Büsum gebauten Kutter »Feuerland« fuhr er zusammen mit Ernst Dreblow Ende November 1927 nach Punta Arenas in Chile, das auf der Halbinsel Brunswick an der Magellanstraße liegt. Dorthin brachte die »Cap Arcona« Plüschows in Kisten verpackten Doppeldecker HD 24 W. Nach dem Zusammenbau machten sie Probeflüge, wobei sie u.a. den ersten Luftpostsack nach Ushuaia brachten, der südlichsten argentinischen Stadt, auf Feuerland, am Beaglekanal. In den acht Monaten ihrer Expedition gelangen ihnen Erstflüge über die Darwin-Kordillere auf Feuerland, Kap Hoorn und Teile Patagoniens. Das davon mitgebrachte Foto- und Filmmaterial erregte weltweites Aufsehen. Plüschow schrieb sein Buch »Silberkondor über Feuerland«, das 1929 Ullstein herausbrachte. Der gleichnamige Ufa-Film hatte ebenfalls großen Erfolg. Mit »Segelfahrt ins Wunderland« war bereits 1926 sein Buch über die erste Expedition erschienen. Mit der dritten Expedition 1931 setzte Plüschow die früheren Forschungen fort, dabei verunglückten beide tödlich. Wegen eines technischen Defekts stürzt die HD 24 W in der Nähe des Perito-Moreno-Gletschers in den Rico-See.

In Chile und in Argentinien wird das Andenken an diese Flugpioniere heute noch wachgehalten, z. B. durch das 1962 errichtete Plüschow-Denkmal am Lago Argentino, den von Gletschern umgebenen größten See Argentiniens, dreimal so groß wie der Bodensee. 2006 wurde die »Feuerland« wieder nach Büsum geholt. Seit 2009 steht in Ushaia ein flugunfähiges 1:1-Modell der HD 24 W.

Friedhelm Reinhard: Käthe Miethe auf Teneriffa

Von Ende April bis Mitte Juli 1926 unternahm Käthe Miethe eine Reise nach Teneriffa, eine der »glücklichen Inseln« der Kanaren. Aus der griechischen Mythologie stammt diese Bezeichnung, für die Griechen lag das Paradies auf den Inseln jenseits der Säulen des Herkules (Gibraltar). Als freie Journalistin berichtet sie in der Deutschen Allgemeinen Zeitung in sieben Folgen über diese Reise.

Sie besteigt in Antwerpen – die Stadt hatte sie erstmals im Ersten Weltkrieg während ihres Einsatzes als Fürsorgeschwester des Roten Kreuzes besucht – ein Frachtschiff und beobachtet von Deck aus das Hafenleben. In der Kabine hat sie ihre Bücher aufgereiht, die Bleistifte gespitzt und das Tintenfass bereitgestellt. Es wird eine lange Fahrt mit dem Stückgut geladenen Frachtschiff entlang der Küsten von Spanien, Portugal und Marokko nach Teneriffa. Zwischen erstem Bericht aus Antwerpen und zweitem Bericht von Teneriffa liegen mehr als 30 Tage.

Schon von See aus beeindruckt sie der Anblick des Pik von Teneriffa (Pico del Teide 3.718 m), und sie wünscht sich, diese neue Welt der »glücklichen Inseln« zu fassen und zu begreifen. Sie wohnt in einem Haus auf halber Höhe in einer Plantanera oberhalb einer kleinen Stadt. Überrascht ist sie von den Naturschönheiten der Insel, dem Farbenrausch der Pflanzen, den Menschen, ihren Liedern und den Geräuschen in der Nacht. Ausführlich berichtet sie von der Wasserwirtschaft auf der Insel, der Verteilung des »fließenden Goldes«, dem fröhlichen Treiben beim Wasserholen, an den Waschplätzen und den Viehtränken.

Vor ihrer Tür steht ein Drachenbaum inmitten einer Blumenwelt von Stockrosen, Löwenmäulchen und Kakteen; Weinstöcke und eine kleine Tomatenplantage schließen sich an. Erstaunt beobachtet sie Bauern beim Pflügen mit hölzernem Pflug oder beim Dreschen mit folgendem Trennen des Weizens von der Spreu mit Hilfe des Windes.

Die Größe der mit Steinen umgrenzten Felder findet sie, habe »Vorgartenformat«. Sie beschreibt die typischen Hausformen, die Spuren des Lavaflusses und den tollen Blick auf die Nachbarinsel Gran Canaria. Lang erzählt sie vom Besuch des Vulkankraters Pik von Teneriffa. Von der Hafenstadt Orotava aus geht es auf Maultieren in glühender Sonne ohne jeden Schatten durch Lavafelder mit blühenden Ginsterinseln zur Schutzhütte auf 3.000 m Höhe. Dort wird auf Strohsäcken übernachtet und frühmorgens zu Fuß der Kraterrand des Pik erklommen. Der Pfad in Serpentinen, dünne Luft, kalter Wind, Schwefelgeruch und heiße Dämpfe erschweren die Besteigung. Der Lohn der Anstrengungen: »Ringsum ist Himmel und Licht ... man sieht ein Land, das verstummte Vulkane gebaut«.

Auch der wüstenähnliche Küstenstrich im Süden der Insel mit wenigen weißen Häuserblocks, kleinem Hafen und pechschwarzem Strand wird aufgesucht. Die Gäste im kleinen Wirtshaus »Fonda« sind ihr Anlass zur Beschreibung von Sitten und Gebräuchen der Insulaner. Für Käthe Miethe ist das Verhältnis der Männer zu den Frauen unverständlich. »Mitten am Tage irgendwo vor der Türe oder am Straßenrand ... sitzt fast immer der Mann unter seinesgleichen allein. Die Frau hat die Kinder, das Haus, die Heimarbeit, sie schleppt auf dem Kopfe dreiviermal des Tages das Wasser ...« Auch über Aberglauben, bösen Blick und weiße Frau hat sich Käthe Miethe informiert.

Für die Heimreise wird zunächst ein kleiner Dampfer von Santa Cruz nach Las Palmas bestiegen, um dann mit einem Fruchtschiff, dem Bananendampfer, ohne Zwischenstopp direkt nach Hamburg zum Fruchtkai zu gelangen. Über Bananenernte, Verpacken und Transportrisiken wird den Lesern ebenfalls berichtet. Die Rückfahrt ist stürmisch, vor allem durch die Biskaya, die Ladung ist nicht schwer, so dass das Schiff auf den Wellen tanzt: »Bug hoch, Heck hoch, Schraube heraus, ein Zittern, ein Dröhnen ...«

Am Abend leisten Kapitän, Maschinist oder zweiter Steuermann den drei Passagieren im Rauchsalon Gesellschaft. Man knobelt Runden aus, trinkt und erzählt von Erlebnissen im Krieg. Sicher war auch eine Menge Seemannsgarn dabei. Käthe Miethe hört den Seeleuten gut zu.

Käthe Miethe

1893 wird Käthe am 11. März als zweites Kind von Adolf und Marie Miethe in Rathenow geboren. Dort war der Vater seit 1891 als Wissenschaftlicher Beirat in der Optischen Industrieanstalt von Schulze & Bartels beschäftigt.
1894 zieht die Familie nach Braunschweig. Der Vater hatte das Angebot von Voigtländer & Sohn zum Eintritt als Mitarbeiter angenommen.
1899 zieht die Familie nach Berlin. Dem Vater war der Lehrstuhl für Photochemie und Spektralanalyse an der TH Charlottenburg angeboten worden. Käthe Miethe und ihre zwei Jahre ältere Schwester Inge besuchen eine Privatschule.
1901 macht die Familie erstmals Urlaub in Althagen. Der Vater kauft die Büdnerei 10, die er als Sommerdomizil herrichten läßt. In den Jahren zuvor fuhr man zum Urlaub immer nach Norwegen, auch mit den Kindern.
1909 schließt Käthe die Höhere Mädchenschule von Clara Keller in Charlottenburg ab.
1914 legt sie die Diplomprüfung für den mittleren Dienst an wissenschaftlichen Bibliotheken ab.
Im Ersten Weltkrieg arbeitet sie zunächst für das Rote Kreuz in Belgien, **1916** wechselt sie am Jahresende nach Holland als Lektorin in die Auslandshilfsstelle des MAA in Haag.
1916 kauft Adolf Miethe für seine Tochter Käthe in Althagen die Büdnerei 54.
1917 wird ihr für die Arbeit während des Krieges das Verdienstkreuz für Kriegshilfe verliehen.
1919 wird sie Redaktionssekretärin beim Feuilleton der DAZ. Damit beginnt auch die eigene journalistische Arbeit. Später wurde sie freie Mitarbeiterin.
Während der Inflation hat sie »das Steuer umgeworfen« und wurde »Reisende in Buchungsmaschinen in Norwegen«.
1924 kehrt sie nach Deutschland zurück. Da hat sie schon ihr erstes Buch geschrieben.
In den folgenden Jahren nimmt sie die journalistische Arbeit wieder auf, schreibt Kinder- und Jugendbücher und gibt Übersetzungen heraus.
1927 stirbt überraschend ihr Vater in Berlin. Er wird auf dem Alten Friedhof in Potsdam im Familiengrab beigesetzt.

Die journalistischen Arbeiten Käthe Miethes erscheinen in den 1920er und 1930er Jahren in zahlreichen Zeitungen, auch in den Mecklenburgischen Monatsheften von Peter E. »bis mir 1933 die Presse verleidet war«.
1939 »zog ich dann endgültig in meinen Katen auf dem Fischland«, andere Quellen sprechen von 1936.
1946 stirbt die Mutter, die während des Krieges in Althagen lebte. Ihr Grab findet sie auf dem Wustrower Friedhof.
Die intensive Beschäftigung Käthe Miethes mit dem Fischland, mit seiner Geschichte, führt nach dem Ende des Zweiten Weltkrieges zum Entstehen der Fischlandbücher, »dann kam das Fischland dran«. Diese Bücher erscheinen ab 1948 mit einer Ausnahme alle im Hinstorff-Verlag.
In Althagen beteiligt sie sich an der Gründung einer Förderschule für ältere Schüler, die nach dem Kriegsende zunächst ohne Unterricht blieben. Sie ist in Ahrenshoop Gründungsmitglied des Kulturbundes, veranstaltet Hausmusikabende, führt Buchlesungen durch.
In Rostock arbeitet Käthe Miethe im Hinstorff-Verlag auch als Lektorin und gibt eine Reihe neuer Heimatbücher heraus.
1957 schlägt die Universität Rostock vor, Käthe Miethe den Nationalpreis zu verleihen.
1961 stirbt Käthe Miethe am 12. März, einen Tag nach ihrem 68. Geburtstag in ihrem Haus in Althagen und wird in Wustrow zu Grabe getragen, wo nun Mutter und Tochter in einem Grabe ruhen.

Literatur

Käthe Miethe: Die Welt im Dorf ist groß – verstreute Texte, hrsg. von Cornelia Crohn. Rostock 2006.

Damals in Althagen – Der Geheimrat Adolf Miethe mit seiner Familie in der Sommerfrische 1901 bis 1927. Briefwechsel und gesammelte Texte, hrsg. von Helmut Seibt. Kückenshagen 2007.

Renate Drefahl: »Jeder Schritt, den wir gehen, führt über eine unsichtbare Schwelle.« Das Fischland in den Romanen, Erzählungen und Aufsätzen Käthe Miethes. In: Literatur aus dem Ostseeraum und der Lüneburger Heide, hrsg. im Auftrag der Fritz-Reuter-Gesellschaft von Ch. Brunners, U. Bichel und J. Grote. Rostock 2010.

Lebenserinnerungen. Adolf Miethe (1862–1927), hrsg. von Helmut Seibt, Reihe Acta Historica Astronomiae, Vol. 46, XVI Farbtafeln. Frankfurt (M.), 2012.

Ellen Bradhering: Die Büdnereien und ihre Bewohner in Wustrow auf dem Fischland. Eigenverlag Wustrow 2013.

Aus Käthe Miethes Feder – seit 7/2014 von Helmut Seibt herausgegebene monatliche Reihe bei www.seniorenbeirat-wustrow.de mit Fundstücken aus dem Feuilleton deutscher Zeitungen, insbesondere
Fundstück 30: Vor der Ausfahrt, Antwerpen, Ende April. DAZ 28. April 1926.

Fundstück 31: Zu den »glücklichen Inseln«, Tenerife, im Mai, DAZ 1. Juni 1926.

Fundstück 32: Die Weiber am Brunnen, Kanarische Inseln, im Mai, DAZ 6. Juni 1926.

Fundstück 33: Vom Drachenbaum zum Meer, Kanarische Inseln, im Juni, DAZ 16. Juni 1926.

Fundstück 34: Ginster auf Teneriffa, Teneriffa, im Juni, DAZ 30. Juni 1926.

Fundstück 35: Inselmenschen, Teneriffa, im Juni, DAZ 6. Juli 1926.

Fundstück 36: Mit dem Bananendampfer, Auf See, im Juli, DAZ 11. Juli 1926.

Unser Haus in Althagen – Adolf Miethe mit seiner Familie in der Sommerfrische 1901 bis 1927. Briefe, Texte und Fotografien, hrsg. von Helmut Seibt. Fischerhude ²2015.

Käthe Miethe: Die Dinge kommen – Ansichten vom Fischland und der Welt; hrsg. von Cornelia Crohn. Wustrow ²2017.

Sabine Bock: Plüschow – Geschichte und Architektur eines mecklenburgischen Gutes. Schwerin 2013.

Alfred Gebauer: Alexander von Humboldt. Seine Woche auf Teneriffa 1799. Santa Ursula, Santa Cruz de Tenerife 2009.

Ernst Haeckel: Eine Besteigung des Pik von Teneriffa, in: Zeitschrift der Gesellschaft für Erdkunde, Bd. V, 1870, S. 1–28.

Nachwort des Herausgebers

Käthe Miethe starb 1961. Wie kam es dazu, dass ein Buch von ihr erst 2017 erscheint?

In den 1920er und 1930er Jahren hat Käthe Miethe zahlreiche Bücher geschrieben, die sich vor allem an Mädchen richteten und deren Selbstständig- und Erwachsenwerden zum Inhalt hatten, ich nenne sie Jungmädchenbücher, sie erschienen in mehreren Auflagen, bis in die 1950er Jahre. Zunächst schrieb sie aber in Anlehnung an Berichte ihres Vaters von dessen Expeditionen nach Ägypten (1908) und Spitzbergen (1910) als erste Bücher Die Smaragde des Pharao (1923) und In das Eismeer verschlagen (1925). Dann folgten die Jungmädchenbücher: Schifferkinder (1930), So ist Lieselotte (1931), Gerda führt den Haushalt (1933), Thildes Ferienkinder (1935). Ein Stadtmädel wird Bäuerin (1935), Das Soldatenkind (1936), Flucht und Heimkehr (1936), Hanning sucht ihren Weg (1936), Was wird aus unserm Mädel? (1937), Das Haus ohne Kinder (1939), Friedel im Pflichtjahr (1940), Friedel (1940), Friedel und Claas (1941), Lenings Entscheidung (1942), Zur rechten Stunde (1944), Die Kinder vom Lindenhof (1944), Kamerad in der Not (1947), Das ferne Ziel (1948), Unser neues Leben (1949).

In diesen Jahren übersetzte sie auch Bücher nordischer Autoren ähnlichen Inhalts ins Deutsche, die häufig ebenfalls mehrere Auflagen erlebten: acht Bücher von Gabriel Scott, drei von Halvor Floden, drei von Bertha Holst und je eins von Moren Haldis, Kristian Elster und Lars Hansen.

Dazu war Käthe Miethe auch eine ziemlich fleißige Journalistin, deren Beiträge sich im Feuilleton deutscher Zeitungen der damaligen Zeit finden. Davon lassen sich heute noch mehr als 100 nachweisen.

Heute kennen wir aus dem schriftstellerischen Schaffen Käthe Miethes meist nur noch die in ihren letzten Lebensjahrzehnten geschriebenen Fischlandbücher: Das Fischland (1948), Unterm eigenen Dach (1949), Bark Magdalene (1951), Die Flut (1953), Auf großer Fahrt (1957), Der erste Rang (1958), Rauchfahnen am Horizont (1959), … und keine Möwe fliegt allein (1961), Hiddensee (1962).

Im Archiv des Rostocker Hinstorff-Verlages hat sich das Manuskript *Zu den »Glücklichen Inseln«* erhalten. Ich fand es dort eher zufällig. Die 147 Schreibmaschinenseiten sind ein Durchschlag, der auch handschriftliche Korrekturen der Autorin enthält. Es handelt sich um ein weiteres ihrer Jungmädchenbücher.

Unklar ist, weshalb es nicht gedruckt wurde und auf welchem Weg es in das Hinstorff-Archiv kam. Die Jungmädchenbücher waren in anderen Verlagen erschienen.

Bei Hinstorff hatte Käthe Miethe immer wieder einmal in den Mecklenburgischen Monatsheften heimatkundliche Beiträge veröffentlicht. Aus dieser Zeit stammt auch ihre langjährige Bekanntschaft und Freundschaft mit Peter E., dem legendären Rostocker Verleger Peter E. Erichson.

Die Zustimmung des Verlages, des Rostocker Stadtarchivs, das heute das Verlagsarchiv als Depositum betreut, und von Frau Wihan, der Inhaberin der Urheberrechte von Käthe Miethe, machen die Publizierung des Manuskripts möglich.

Der Begriff Glückliche Inseln ist uns Heutigen vielleicht nicht mehr so geläufig wie er es noch in Käthe Miethes Jugend war. Da kannte man sich noch besser in der griechischen Mythologie aus. Die Griechen bezeichneten damit eine Inselgruppe im westlichen Ozean, nahe dem Fluss Okeanos. Dieser westliche Ozean lag am Weltenrand (Erde als Scheibe) und begann hinter den Säulen des Herakles (Straße von Gibraltar), dort wurde auch das Elysium verortet, Platon schrieb später vom Inselreich Atlantis, das er ebenfalls dort ansiedelte.

Aus heutiger Sicht sind die Kanaren, die Azoren, Madeira oder Kap Verde mögliche Interpretationen für den Namen »Glückliche Inseln«. Bei Käthe Miethe sind es die Kanaren, die Handlung spielt auf Teneriffa.

Käthe Miethe war 1926 von Ende April bis Juli drei Monate auf Teneriffa. Davon zeugen sieben Beiträge, die sie zeitnah anschließend zwischen April und Juli im Feuilleton der Deutschen Allgemeinen Zeitung veröffentlichte.

Es gibt noch eine weitere Teneriffa-Spur: Käthe Miethe war in langer Freundschaft mit Thekla Achenbach verbunden. Thekla Köhler-Achenbach (1890–1964), Tochter des Operntenors Max Alvary (1851–1898) und Enkelin des Düsseldorfer Malers Andreas Achenbach (1815–1910), war mit dem Psychologen Wolfgang Köhler verheiratet und lebte mit ihm einige Jahre auf Teneriffa, wo Köhler von 1914 bis 1920 die Anthropoidenstation der Preußischen Akademie der Wissenschaften leitete und durch seine Versuche mit Schimpansen weltbekannt wurde.

Thekla Achenbach war später mit ihren Kindern oft bei Käthe Miethe in Althagen zu Besuch, kaufte in späteren Jahren eine Büdnerei im benachbarten Niehagen, wo sie dann auch ständig lebte, bis sie schließlich nach Hamburg ging. Von ihrer Hand gibt es ein großes Ölgemälde von Käthe Miethe.
Gudrun, die Hauptfigur, ist Tochter eines Fischländer Kapitäns. Obwohl im Text nie Wustrow als ihr Heimatort genannt wird, ist diese »Verortung« im Buch an mehreren Stellen ablesbar.

Helmut Seibt, im Herbst 2017

Dank

Als Herausgeber möchten wir uns bei allen Unterstützern und Machern bedanken, das sind im Einzelnen:
für die Herstellung der Druckvorlage und den Druck – das Deutsche Bernsteinmuseum Ribnitz-Damgarten e.V., das das Projekt wirkungsvoll unterstützte, der Thomas Helms Verlag in Schwerin, der das Buch herausbrachte, Frau Anke Ulbricht aus Wustrow, die die Illustrationen schuf, und – für die finanzielle Unterstützung – der Heimatverband Mecklenburg-Vorpommern e.V., die Kurverwaltung der Gemeinde Ostseebad Ahrenshoop, die Kurverwaltung der Gemeinde Ostseebad Wustrow, der Verein Klönsnack Rostocker 7 e.V. und – als Einzelpersonen – Axel Attula, Ribnitz-Damgarten, Dr. Renate Billinger-Cromm, Wustrow, Heidemarie und Klaus Bradhering, Ahrenshoop, Renate und Manfred Drefahl, Teterow, Dagmar Gielow, Ahrenshoop, Christel und Jörg Hülsse, Rostock, Barbara Karwatzky, Leipzig, Corinna Kastner, Hannover, Dr. Jürgen Köppke, Hamburg, Annegrit und Gebhard Kühn, Jena, Christel und Dr. Reinhold Kunze, Lübesse, Jutta Meisner, Berlin, Margarete und Wolfgang Permien, Wustrow, Friedhelm Reinhard, Wieck, Hannelore und Jörn Reiche, Ahrenshoop, Andrea Saatmann, Ahrenshoop, Gisela und Dr. Helmut Seibt, Wustrow, Carola und Ulf Steiger, Freiberg (Sachsen), Sybille und Wilhelm Stahl, Ahrenshoop, Manfred-Hubert von Tronchin, Dändorf und Angelika Weidmann.

Der Herausgeber

Helmut Seibt, Jahrgang 1940, geboren in Reichenberg (Sudeten), nach dem Krieg Schulbesuch bis zum Abitur in Wittenberge (Prignitz), Studium an der Humboldt-Universität zu Berlin, Staatsexamen als Werk- und Mathematiklehrer, danach Arbeit als Lehrer in Eggesin (Vorpommern), Kaltenkirchen (Holstein) und Berlin und als Mathematikdidaktiker an der Berliner Universität, dort 1977 Promotion. Seit der Heirat 1964 mit Gisela Drews, einer Althägerin, war er immer wieder als »Isenbohner« auf dem Fischland, ebenso wie die Kinder Thilo, Nora und Tobias. 2004 entschließen sie sich zum Hauskauf und ziehen nach Wustrow.

Seit Jahrzehnten beschäftigt er sich mit der Geschichte der Familie Miethe. Er ist 2011 Initiator der alljährlichen Althäger Käthe-Miethe-Tage, im Juli 2014 der seitdem monatlich erscheinenden Reihe »Aus Käthe Miethes Feder« und hat im Oktober 2015 zusammen mit seiner Frau den ebenfalls monatlichen Althäger Käthe-Miethe-Stammtisch gegründet.

Nach dem Fund des Manuskripts der Lebenserinnerungen von Adolf Miethe, von deren Existenz die Fachwelt wenigstens Kenntnis hatte und die inzwischen erschienen sind, war *Zu den »Glücklichen Inseln«* ein Manuskript, von dem niemand mehr etwas wußte.